*Das neugierige Füchslein
im Bärenschloss*

Das neugierige Füchslein im Bärenschloss

Märchen und Gedichte
für Kinder von vier bis sieben Jahren

ausgewählt und neu erzählt von
Dagmar Fink

Illustriert von
Maren Briswalter

Verlag Freies Geistesleben

Dagmar Fink, am 29. März 1931 in Hamburg geboren, studierte französische Sprache und Literatur in Paris und unterrichtete Französisch an den Waldorfschulen in Berlin-Dahlem und in Saarbrücken. Ihr besonderes Interesse galt der Herausgabe authentischer Volksmärchen. So veröffentlichte sie 1991 in Frankreich eine zweibändige Sammlung weitgehend unbekannter französischer Märchen: *Contes merveilleux des pays de France.* 1977 erschien ihr Märchenbuch *Mabik und der Wolkenriese*, eine Übersetzung bretonischer Volksmärchen, und 1993 ihre Sammlung von Märchen und Gedichten für Kinder von drei bis fünf Jahren: *Das Häschen Schnuppernäschen und der böse Bock*. Unter dem Titel *Der goldene Dragoner* stellte sie 1995 europäische Märchen für Kinder ab sechs Jahren zusammen. Ihre intensive Beschäftigung mit georgischen Märchen führte im Jahr 2000 zur Herausgabe eines Märchenbuchs in georgischer Sprache mit dem Titel *Atasperi Prinveli*. Und 2001 erschien ihre Studie *Vom Wunder des Lachens*. Dagmar Fink starb am 12. Februar 2009 in Saarbrücken.

2. Auflage 2015

ISBN 978-3-7725-1960-4

Verlag Freies Geistesleben
Landhausstr. 82, 70190 Stuttgart
www.geistesleben.com

Copyright © 2006 Verlag Freies Geistesleben
& Urachhaus GmbH, Stuttgart

Einbandillustration: Maren Briswalter

Reprographie: Günther Piltz, Stuttgart

Druck: DZA Druckerei zu Altenburg GmbH

Printed in Germany

Inhalt

Vorwort 9

Märchen

Das neugierige Füchslein im Bärenschloss 14
Das Mäuslein und das kleine hinkende Kätzchen . . . 21
Wie das Mäuslein ins Wasser fiel 25
Wie das hinkende Kätzchen das Mäuslein heilte 26
Wie der Rabe der Schneeammer ihr Liedchen raubte . . 31
Die Ziegen, der Wolf und der Fuchs 38
Hähnchen und Hennchen 45
Dornröschen 57
Komble und seine beiden Schäfchen 63
Wie das Mäuslein und die Mettwurst zusammen lebten . 70
Das Spätzlein 74
Der feurige Schafbock 76
Das kleine Halbküken Zizila 80
Das Eselein 86
Der rollende Pfannkuchen 90
Der Bär und die Kinder des Zaunkönigs 96
Die beiden Ziegenböcke auf dem Brückensteg 100
Die Bienenkönigin 104
Der Knabe und die Schlange 117
Das Holzbüblein 121
Die Reise der kleinen Ameise nach der goldenen Stadt . 131

Die drei Haulemännerlein 136
Die Sterntaler 146

Gedichte und Sprüche

Spruch am Morgen 13
Der Frühling kommt bald! 13
Vorm Erzählen 19
 Das Böcklein 20
Die Wundernuss 30
Sieben kleine Bären 36
Das krumme Männlein 44
Das Wasser 52
Es regnet 53
Auf dem Ausflug 54
Bei grauem Wetter 54
Wir wenden das Heu 55
Sommerlust 56
Erde, die uns dies gebracht 56
Lied der Blumenfrau 62
Heile, heile Segen 67
Der Heilestern 68
Verschwunden 69
Beim Essen 69
Nächtliches Vergnügen 73
Gewitter 78
Am Waldweiher 79
Die zwei Wurzeln 95

Quex und Quax, die beiden Frösche 103
Elfenlied 107
Fingerhütchen 108
Sankt Michael 113
Herbstlied 114
Das Wichtelmännlein 116
Die Holzpantoffelchen 128
Am 4. Dezember 130
Die Rehlein beten zur Nacht 135
Schneekristall 141
Schnee 141
Nun ruht und schläft, was Flügel hat 142
Nun kommt die gute Mutter Nacht 144
Was Sandmännchens Frau tut 144
Ein Zauberspruch gegen böse Träume 145

Abzählreime

Itzen, ditzen, Silberschnitzen 43
Enki, benki 43
Am stram gram 43
Es geht ein Männchen über die Brück' 102

Schnabelwetzer

Kleine Kinder können keine 42
Meister Müller, mahle 69
Sausende Segel 78

Knick und knack	94
Rollende Räder	99
Flinke Forellen	99

Fingerspiele

Der fand ein Körnlein klein	85
Der ist in den Brunnen gefallen	89

Koseverschen

Kinnewippchen	67
Mizemuzekätzchen	68

Anmerkungen	148
Quellenverzeichnis	160

Vorwort

Was für eine Freude ist es, ein Kind zu erleben, das die Welt entdeckt!
Wie es sich nach dem Strampeln, Krabbeln frei aufrichtet und seine ersten selbstständigen Schritte tut! Wie es sich tastend in die Sprache einlebt, erst einzelne Wörter wieder und wieder nachspricht, dann kleine Sätzchen noch ungelenk formt, bis es später zum freien Sprechen und den eigenen genialen Wortschöpfungen findet. Mit welch jauchzender Entdeckerfreude erlebt das Kind jedes neue Sprachbild! Diese Sammlung möchte das freudige Entdecken der eigenen Sprache fördern und begleiten.
Da gibt es, über das ganze Buch verteilt, verschiedene Sprüche, zum Beispiel die «Schnabelwetzer», kleine Wortspiele, mit denen das Kind seine Lust an einzelnen Lauten kräftig ausprobieren kann, wie in «Knick und knack, Holz zerhack, knick und knack, in den Sack», oder auch – weicher: «Sausende Segel, im Winde sich wiegen, sausende Segel auf silbernem See.» Oder die Abzählreime, Koseverschen und Fingerspiele. Die Koseverschen könnte ein Kind für ein kleines Geschwisterchen oder auch seine Puppe sprechen, die lustigen Fingerspiele bringen kleine Sprachbilder «auf den Punkt», und die Abzählverse können kleine Vorrang-Zwistigkeiten zwischen Geschwistern als objektive Instanz besser klären als jeder Erwachsene. Hier werden auch zwei fremdsprachige Verse angeboten, die in ihrer Ursprungssprache genauso unverständlich und dadurch geheimnisvoll klingen wie bei uns und gerade dadurch einen magischen Zauber ausüben.
Alles ist in oft tänzerischen Rhythmus eingebettet, denn das Kind verlangt nach Bewegung, nicht nur äußerlich, indem es nicht lange still sitzen will, sondern auch innerhalb der Sprache selbst. Jeder Erziehende weiß, dass es mit nur einem Knie-Reiterchen bei den ganz Kleinen nicht getan ist, es wird immer wieder und wieder verlangt; das gilt später genauso für Geschichten und Verse.
So will ein Kind oftmals an vielen Tagen hintereinander nur das Märchen vom «Wolf und den sieben Geißlein» hören, bis es bereit ist, sich auf ein

anderes einzulassen. Meistens ist es der Erwachsene, der ungeduldig nach etwas Neuem verlangt – und er wird vom Kind durch seinen beharrlichen Wunsch nach dem «Noch einmal!» darüber belehrt, dass ihm die heilenden Kräfte des Wiederholens eine Notwendigkeit sind.

Dieses Buch folgt meiner Sammlung *Das Häschen Schnuppernäschen und der böse Bock*, die vor etlichen Jahren erschien und zu der von vielen Eltern und Kindergärtnerinnen eine Fortsetzung erbeten wurde. Genau wie dort wird auch hier wieder eine Fülle von ganz verschiedenen Sprüchen, Gedichten und Märchen angeboten. Dieses Mal folgt der Aufbau des Buches deutlicher dem Tages- wie auch dem Jahreslauf. Das gilt besonders für die Gedichte und so manche Sprüche. Auch die Märchen folgen in etwa dem Jahreslauf, bei ihnen ist es jedoch wichtiger, beim Vorlesen die Stimmung des Kindes, seine Aufnahmefähigkeit zu beachten. Manchmal braucht es eine kurze Geschichte, wie die vom «Spätzlein», dann wieder eine längere. Zuweilen eine kräftige, bei der die Auseinandersetzung mit einem Widersacher spannend ist, wie die von den «Ziegen, dem Wolf und dem Fuchs», oder lieber eine sanfte und lustige, wie die von dem «Mäuslein und dem kleinen hinkenden Kätzchen». Für jedes Alter und für jede Stimmung ist der Tisch reich gedeckt.

Warum werden wieder in erster Linie Tiergeschichten angeboten? Das entspricht der Erfahrung jedes Erzählers: Ein kleines Kind verbindet sich lieber mit einem Tier, das ihm näher und vertrauter ist als die Gestalten der «großen» Märchen mit ihren menschlichen Schicksalswegen, zu denen es erst später den Zugang findet. Doch einige Märchen der Brüder Grimm setzen auch hier markante Schwerpunkte.

Alle Märchen in diesem Band sind echte Volksmärchen; dadurch unterscheidet sich diese Sammlung grundlegend von anderen mit extra für Kinder verfassten Geschichten. Die Ursprünglichkeit, oft auch Direktheit der volkstümlichen Erzählweise ist immer wieder Überraschung und Labsal zugleich, das zeigt sich vor allem in den ursprünglich auf plattdeutsch erzählten Märchen, die zwar ins Hochdeutsche übertragen wurden, deren Duktus sowie einige Ausdrücke jedoch beibehalten wurden (siehe «Der Bär und die Kinder des Zaunkönigs» und «Wie das Mäuslein und die Mettwurst zusammen lebten»). In alle Märchen wurden kleine Verse eingefügt, die sich wiederholen und die das Bedürfnis des Kindes nach Rhythmus und Melodie befriedigen. Nur die Märchen der Brüder Grimm wurden nicht angerührt, sie brauchen diese Ergänzungen nicht. («Dornröschen», «Die Bienenkönigin», «Das Eselein» und «Die Sterntaler»).

Volksmärchen für kleinere Kinder sind im deutschen Märchenschatz nicht sehr reichlich zu finden, deshalb wurde die Suche nach neuen unbekannten Märchen auf andere Länder ausgeweitet. So stammt ein besonders schönes aus Mallorca, andere aus Russland, Georgien, Frankreich und England. Die ausführlichen Anmerkungen am Ende des Buches geben darüber Auskunft. Sie können mit ihren pädagogischen Hinweisen auch in vielfacher Art dem Erzählenden nützlich sein. Dort wird zum Beispiel auch erklärt, warum die Geschichte vom rollenden Pfannkuchen mit zwei verschiedenen Endungen angeboten wird oder wie durch ein Nachspielen der Geschichte von den beiden «Ziegenböcken auf dem Brückensteg» Aggressionen in einer Kindergruppe abgebaut werden können.

Der Inhalt mancher Geschichten zeigt, wie erfolgreich ein kleines Wesen sich gegen einen Stärkeren zur Wehr setzen kann. Oder, wie in dem russischen Märchen vom «Holzbüblein» erzählt wird, ist nur ein kleines krankes Tierchen bereit, das Büblein aus höchster Gefahr zu erlösen. Und mit welch humorvoller List es dem Fuchs in dem französischen Märchen «Die Ziegen, der Wolf und der Fuchs» gelingt, die ängstlichen Ziegen vor dem übermächtigen Wolf zu schützen, wird die Kinder zutiefst befriedigen.

Hilfsbereitschaft der Tiere untereinander, aber auch die eines jungen Menschen gegenüber den Tieren («Die Bienenkönigin», «Der Knabe und die Schlange») ist eines der großen Themen dieses Buches.

Die meisten kleinen Kinder haben ein starkes Bedürfnis nach Zwergengeschichten. Sie blühen innerlich auf, wenn man ihnen von diesen kleinen Helferwesen erzählt, deren unsichtbare Anwesenheit sie ahnend spüren oder zutiefst wünschen. Leider tauchen die Zwerge in den meisten Volksmärchen selten oder sogar den Menschen feindlich gesinnt auf (wie in «Schneeweißchen und Rosenrot»). Es gibt aber das wunderbare Märchen «Die drei Männlein im Walde», das in seiner vollen Länge doch erst für später geeignet ist. Deshalb habe ich den ersten Teil des Märchens in kurzen Versen gestaltet, so kann man es sowohl vorlesen als auch szenisch mit Kindern oder auch durch ein Tischpuppenspiel darstellen («Die drei Haulemännerlein»). Und als vollgültiger Märchenersatz möge die so rhythmisch schön erzählte Geschichte vom «Fingerhütchen» dienen, die ja auch auf alten Überlieferungen beruht, sowie Goethes träumerisch-melodisches «Elfenlied».

Etwas Besonderes stellen in den alten volkstümlichen Sammlungen die Kettenmärchen dar. Sie waren ein Mittel, in spielerischer Weise das Erinnerungsvermögen der Kinder zu stärken; sicher aber gehen sie auf alte kultische Rituale zurück, denn sie tauchen schon in sehr frühen Texten der Menschheit auf. Ein solches Kettenmärchen bildet den Abschluss unseres Märchens vom Mäuslein und dem Kätzchen. In seiner ursprünglichen Form durchläuft ein Kettenmärchen viele Stadien, von einem fast unscheinbaren Missgeschick eines kleinen Wesens bis hin zu Gott oder einem seiner Helfer, der dann alles Geschehen ordnet und klärt und die ganzen Stadien wieder zurücklaufen lässt, bis dem kleinen Wesen geholfen wird. Unsere «Reise der kleinen Ameise zur goldenen Stadt» zeigt einen solchen Verlauf in seiner schönsten Form.

Illustrationen sollten in einem Buch für kleinere Kinder nicht fehlen, denn sie entsprechen dem Bildhunger des Kindes. Die Zeichnungen von Maren Briswalter begleiten auf stille Weise die Texte und hüllen diese ein, ohne sich aufzudrängen. Den Kindern können sie zudem helfen, rasch eine bestimmte Geschichte oder einen Vers wiederzufinden.

Ich hoffe, dass auch dieses neue Buch mit seinem reichen Angebot den Weg zu vielen Kindern findet und ihnen und den vorlesenden Erwachsenen Freude bereitet.

Dagmar Fink

Spruch am Morgen

Licht im Himmel,
Licht in mir,
Licht durch mich
auf Erden hier.

Erika Dühnfort

Der Frühling kommt bald!

Herr Winter
geh hinter,
der Frühling kommt bald!
Das Eis ist geschwommen,
die Blümlein sind kommen
und grün wird der Wald.

Herr Winter
geh hinter,
dein Reich ist vorbei!
Die Vögelein alle,
mit jubelndem Schalle,
verkünden den Mai!

Christian Morgenstern

Das neugierige Füchslein im Bärenschloss

In der alten Zeit lebten einmal drei Bären in ihrem Schloss mitten in einem großen Wald. Der Vater Bär, groß und schwer, die etwas kleinere Mutter Bär und das kleine winzige Bärenkind.
So recht gemütlich war es in ihrem schönen Schloss. In der Mitte stand ein großer Tisch, und daran drei Stühle: ein großer Lehnstuhl für den Vater Bär, ein etwas kleinerer für die Mutter Bär und ein hübsches Stühlchen für das winzige Bärenkind.
Eines Morgens hatte die Mutter Bär einen feinen Haferbrei für die Familie gekocht und für jeden von ihnen in seine Schüssel getan: für den Vater Bär in eine große, große Schüssel, für die Mutter Bär in eine kleinere Schüssel und für das Bärenkindchen in ein hübsches bemaltes Schüsselchen. Doch als sie den Brei essen wollten, war er noch viel zu heiß. Da wollten sie ihn abkühlen lassen und solange ein wenig spazieren gehen. So gingen sie hinaus in den Wald.

> Als Erster tappt der Vater Bär, groß und schwer,
> Dahinter kommt die flinke Mutter Bär,
> Und zuletzt springt lustig das Bärenkind umher.

Im gleichen Wald lebte ein Füchslein, das war sehr neugierig und wollte schon lange einmal wissen, was es in dem Bärenschloss zu sehen gab. Als es merkte, dass die Bären fortgingen, schlich es herbei, öffnete vorsichtig die große Tür, und schon war es drinnen. Hei! Wie lebten die Bären so herrlich! Drei prächtige Lehnstühle standen um einen großen Tisch herum.

> Füchslein, Füchslein, hüte dich!
> Im Bärenschloss gehört dir nichts!

Gleich hüpfte das neugierige Füchslein auf den größten Stuhl, aber der war so hart und unbequem, dass ihm alle Knochen wehtaten, und es sprang schnell wieder herunter. Nun probierte es den etwas kleineren Stuhl aus, es drehte und räkelte sich hin und her, aber der war viel zu weich, da fühlte es sich auch

nicht wohl und war schnell wieder auf dem Boden. Aber da stand doch noch das kleine Stühlchen für das winzige Bärenkind! Ach, war das bequem, nicht zu hart und nicht zu weich, es fühlte sich gerade recht an, sodass das Füchslein sich wohlig in die Polster schmiegte. Doch plötzlich bewegte es sich zu hastig, und das Stühlchen brach unter ihm auseinander. Da lagen die Stücke auf dem Boden und ließen sich um alles in der Welt nicht mehr zusammenfügen, soviel das Füchslein es auch probierte.
Da schaute es noch einmal auf den Tisch und sah die drei Schüsseln mit leckerem Haferbrei dort stehen.

> Füchslein, Füchslein, hüte dich!
> Im Bärenschloss gehört dir nichts!

Da spürte das Füchslein, wie hungrig es war, und wollte den Brei einmal versuchen. Es zog die größte Schüssel zu sich heran und wollte beginnen zu schmausen. Aber der Brei war viel zu heiß, dass es sich gleich die Zunge verbrannte. Da wollte es von dem Brei in der etwas kleineren Schüssel kosten. Aber der war nun viel zu kalt, das Füchslein schüttelte sich. Nun probierte es den Haferbrei in dem hübschen bemalten Schüsselchen. Hmm! Dieser Brei

war genau richtig, nicht zu heiß und nicht zu kalt, und er schmeckte so fein, dass das Füchslein schlapperte und schlapperte, bis das Schüsselchen ganz leer war.
Da schlich das neugierige Füchslein herum und wollte sich auch die anderen Räume im Schloss ansehen.

> Füchslein, Füchslein, hüte dich!
> Im Bärenschloss gehört dir nichts!

Es kletterte eine Treppe hoch und kam in ein Zimmer, in dem drei Betten standen: ein großes und breites Bett für den Vater Bär, ein etwas kürzeres und schmäleres für die Mutter Bär und ein hübsches kleines Bettchen für das winzige Bärenkind.
«Ach!», dachte das Füchslein, «wie müde bin ich plötzlich, ich will die Betten einmal ausprobieren.»

> Füchslein, Füchslein, hüte dich!
> Im Bärenschloss gehört dir nichts!

Es kletterte in das große Bett, aber das war so hart und unbequem, dass es schnell wieder heruntersprang und das etwas kleinere Bett versuchte. Aber auch da fühlte das Füchslein sich nicht wohl, denn es war zu weich und hing in der Mitte richtig durch. Schnell kletterte es wieder heraus und legte sich in das kleinste Bettchen. Das war nun gerade richtig, nicht zu hart und nicht zu weich, dass es sich gleich in die Kissen kuschelte und sofort einschlief.
Nun aber kamen die Bären zurück, sie waren hungrig geworden bei ihrem Spaziergang und wollten sich gleich an den Tisch setzen.
«Wer hat auf meinem Stuhl gesessen?», brummte der Vater Bär.
«Wer hat auf meinem Stuhl gesessen?», rief die Mutter Bär und schaute mit ihren flinken Augen in alle Winkel.
«Wer hat auf meinem Stühlchen gesessen und es ganz und gar zerbrochen?», klagte das Bärenkindchen und zeigte auf die Stücke, die am Boden lagen.
Da polterte der Vater Bär wieder los und brummte: «Wer hat von meinem Brei gegessen?»

Und die Mutter Bär guckte auf den Tisch und rief: «Wer hat denn auch von meinem Brei gegessen?»

Da sah auch das kleine Bärenkind, was passiert war, und rief weinend aus: «Wer hat meinen Brei ganz und gar aufgegessen und mir kein bisschen übrig gelassen?»

Die drei Bären stapften die Treppe hoch und schauten in ihr Schlafzimmer. Empört brummte der Vater Bär: «Wer hat in meinem Bett gelegen und es ganz zerwühlt?»

Und die Mutter Bär rief erschrocken aus: «Wer hat in meinem schönen Bett gelegen?»

Da rief das kleine winzige Bärenkind: «Wer schläft denn da in meinem Bett? Kommt her und seht!»

Alle drei Bären standen um das Bettchen herum und sahen erstaunt auf das schlafende Füchslein. Also das war der Eindringling!
Böse brummte der Vater Bär:

>«Kräftig schütteln sollte man diesen Wicht!
>Er hat genügend Schaden angericht'!»

Die Mutter Bär rief:

>«Ins Wasser! Ins Wasser! Dann ist's mit ihm aus.
>Was schleicht er sich heimlich in unser Haus!»

Doch das Bärenkindchen sagte:

>«Wir wollen ihn ganz und gar verjagen,
>dann wird er sich nie mehr zu uns wagen.»

Damit waren die großen Bären einverstanden. Der Vater Bär griff nach dem Füchslein, schüttelte es kräftig in der Luft hin und her, dann öffnete er das Fenster und warf den Eindringling in hohem Bogen hinaus. Dazu riefen sie alle drei:

>«Füchslein, Füchslein, hüte dich!
>Im Bärenschloss gehört dir nichts!»

Das Füchslein wusste nicht, wie ihm geschah. Plötzlich flog es durch die Luft und landete unsanft auf der harten Erde. Es sauste zurück in seinen Bau und traute sich sein Leben lang nie mehr in die Nähe des Bärenschlosses.
Die drei Bären aber lebten seither friedlich und ungestört in ihrem schönen Schloss mitten im großen Wald.

Spruch

Vorm Erzählen
Alte Eule in der Eiche
Gibt den Kindern gute Lehr:
«Hör ich viel, so werd ich stille,
Bin ich still, so hör ich mehr.»

Volksgut

Das Böcklein

Springt ein Böcklein in unseren Hof,
ein struppiges kleines Böcklein.
–
Einen Wetzstein suche ich hier,
habt ihr einen, so gebt ihn mir!
–
Wozu der schwere Wetzstein, sag an!
– Damit man die Sense schärfen kann.
–
Eine scharfe Sense, wozu denn wohl?
– Das Gras auf der Wiese sie schneiden soll.
–
Wozu das Gras und später das Heu?
– Das Rösslein zu füttern, damit es sich freu!
–
Und wozu soll denn das Rösslein dienen?
– Einen Wagen voll Brennholz soll es ziehen.
–
Wozu wird denn so viel Holz gebraucht?
– Den Backofen zu heizen und die Stube auch.
–
Wozu soll ein Feuer im Backofen sein?
Pfefferkuchen zu backen für alle Kinderlein!

Russisches Volksgut

Das Mäuslein und das kleine hinkende Kätzchen

Es lebte einmal ein Mäuslein, das ein kleines Geldstückchen fand. «Was soll ich damit machen, was soll ich damit tun?», fragte es sich und überlegte. Sollte es sich Haselnüsschen kaufen? Ach nein, die Schalen wären hart und zu nichts nütze. Sollte es sich Walnüsschen kaufen? Ach nein, auch diese Schalen waren hart und zu nichts zu gebrauchen. Sollte es sich Mandeln kaufen? Ach nein, auch diese Schalen waren hart und konnten nichts nützen. Schließlich sagte es:
«Ich werde mir einen Krautkopf kaufen und mir daraus ein Häuschen bauen. Aus den Stängeln mache ich die Balken, aus den größeren Blättern die Wände, aus den kleineren Blättern die Innenwände, und aus den feinsten Blättchen werde ich mir ein Bett und Leintüchlein machen.»

So baute es sich sein Häuschen, und als alles fertig war, stellte es sich auf den Balkon seines feinen neuen Häuschens und schaute auf die Straße hinunter. Da zog gerade eine Herde Lämmer vorbei, von denen viele riefen:

«Mäuslein, liebes Mäuslein klein,
willst du mich heiraten und glücklich sein?»

Das Mäuslein antwortete:

«Erst sollt ihr ein Lied mir singen,
lasst eure Stimmen einmal erklingen!
Ist euer Liedchen fein und schön,
bin ich bereit, mit euch zu gehn!»

Die Lämmer schrien: «Bäh! bäh!» Das Mäuslein
hielt sich die Ohren zu und rief hinunter:

«Oh Schrecken, Entsetzen!
Das klinget nicht fein!
Geht weiter, geht weiter,
mein Haus stürzt fast ein!»

Da kam eine Schar Truthähne vorbei, von denen auch einige riefen:

«Mäuslein, liebes Mäuslein klein,
willst du mich heiraten und glücklich sein?»

«Erst sollt ihr ein Lied mir singen,
lasst eure Stimmen einmal erklingen!
Ist euer Liedchen fein und schön,
bin ich bereit, mit euch zu gehn!»

«Piöp! piöp! piöp!», kreischten die Truthähne.

«Oh Schrecken, Entsetzen!
Das klinget nicht fein!
Geht weiter, geht weiter,
mein Haus stürzt fast ein!»

Da kam eine ganze Schar Hähne vorbei; auch von ihnen riefen viele:

«Mäuslein, liebes Mäuslein klein,
willst du mich heiraten und glücklich sein?»

«Erst sollt ihr ein Lied mir singen,
lasst eure Stimmen einmal erklingen!
Ist euer Liedchen fein und schön,
bin ich bereit, mit euch zu gehn!»

Die Hähne krähten: «Kikeriki! kikeriki!», so laut sie nur konnten.

«Oh Schrecken, Entsetzen!
Das klinget nicht fein!
Geht weiter, geht weiter,
mein Haus stürzt fast ein!»

Nun kamen viele große Katzen vorüber, die riefen:

«Mäuslein, liebes Mäuslein klein,
willst du mich heiraten und glücklich sein?»

«Erst sollt ihr ein Lied mir singen,
lasst eure Stimmen einmal erklingen!
Ist euer Liedchen fein und schön,
bin ich bereit, mit euch zu gehn!»

«Miau! miau! miau!», maunzten die großen Katzen und zeigten ihre Tatzen.

«Oh Schrecken, Entsetzen!
Das klinget nicht fein!
Geht weiter, geht weiter,
mein Haus stürzt fast ein!»

Nun kamen viele kleine Katzen vorbei. Ein hinkendes Kätzchen fragte:

>«Mäuslein, liebes Mäuslein klein,
>willst du mich heiraten und glücklich sein?»

>«Erst sollt ihr ein Lied mir singen,
>lasst eure Stimmen einmal erklingen!
>Ist euer Liedchen fein und schön,
>bin ich bereit, mit euch zu gehn!»

«Miöh, miöh, miöh», schmeichelten die kleinen Katzen. Das erfreute das Mäuslein, und es rief:

>Tretet ein in mein Haus! Tretet herein!
>Euer Liedchen klingt heiter, es klinget gar fein!
>Nun soll die Hochzeit gefeiert sein!»

Und das Mäuslein heiratete das hinkende Kätzchen und lebte glücklich mit ihm.

Wie das Mäuslein ins Wasser fiel

Eines Tages wollte das Mäuslein seine Wäsche im Fluss waschen, aber o weh!, als es sich mit den schweren Tüchern über das Wasser beugte, fiel es kopfüber in den Fluss. Zum Glück war das hinkende Kätzchen nicht weit. Als es sah, dass das Mäuslein am Ertrinken war, fragte es:

«Mäuslein, liebes Mäuslein mein!
Soll ich dich herausziehn am Öhrlein klein?»

Das Mäuslein rief:

«Bitte nicht! O nein! Das täte mir weh!
Doch rette mich schnell, bevor ich untergeh!»

Da fragte das hinkende Kätzchen :

«Mäuslein, liebes Mäuslein mein!
Soll ich dich herausziehn am Füßlein klein?»

Das Mäuslein rief:

«Bitte nicht! O nein! Das täte mir weh!
Doch rette mich schnell, bevor ich untergeh!»

Da nahm das hinkende Kätzchen das liebe Mäuslein beim Schwänzchen und zog es daran vorsichtig aus dem Wasser, ohne ihm wehzutun.

Wie das hinkende Kätzchen das Mäuslein heilte

Das Mäuslein stellte sich unter einen Mandelbaum, um sich zu trocknen. Es war die Zeit der reifen Mandeln, und eine harte Mandel fiel auf das Mäuslein herab und spaltete ihm das Schnäuzchen. Was tun bei dem neuen Unglück? Da ging das hinkende Kätzchen zu einem Schuster und bat:

«Schuster, kannst du Pech mir geben,
um das Schnäuzchen des Mäusleins
zusammenzukleben?»

Der Schuster sagte:

«Erst bringe her mir Borsten vom Schwein,
dann soll dir auch rasch geholfen sein!»

Das hinkende Kätzchen lief zum Schwein
und bat:

«Bitte, liebes Schwein, kannst du Borsten mir geben?
Borsten will ich dem Schuster geben,
Schuster wird mir Pech dann geben,
um das Schnäuzchen des Mäusleins zusammenzukleben.»

Das Schwein sagte:

«Erst bringe mir Kleie vom Bäcker her,
dann gebe ich gerne dir Borsten dafür!»

Das hinkende Kätzchen lief zum Bäcker und bat:

> «Bäcker, lieber Bäcker mein!
> Gib mir bitte Kleie fürs Schwein!
> Schwein will mir dann Borsten geben,
> Borsten will ich dem Schuster geben,
> Schuster wird mir Pech dann geben,
> um das Schnäuzchen des Mäusleins
> zusammenzukleben.»

Der Bäcker sagte:

> «Erst bringe mir Mehl von der Mühle her,
> dann gebe ich gerne Kleie dafür!»

Das hinkende Kätzchen lief zum Müller und bat:

> «Lieber Müller, ich bitte dich sehr,
> gib mir ein Säckchen Mehl rasch her!
> Mehl muss ich dem Bäcker geben,
> Bäcker wird für das Schwein mir Kleie geben,
> Schwein will mir dann Borsten geben,
> Borsten will ich dem Schuster geben,
> Schuster wird mir Pech dann geben,
> um das Schnäuzchen des Mäusleins
> zusammenzukleben.»

Der Müller sagte:

> «Erst bringe mir Weizen vom Felde her,
> dann geb ich gerne dir Mehl dafür.

Das hinkende Kätzchen lief zum Feld und bat:

> «Du goldenes Weizenfeld, ich bitte dich sehr,
> gib mir eine Garbe von Korn rasch her!

Korn muss ich für Mehl dem Müller geben,
Mehl muss ich dem Bäcker geben,
Bäcker wird für das Schwein mir Kleie geben,
Schwein will mir dann Borsten geben,
Borsten will ich dem Schuster geben,
Schuster wird mir Pech dann geben,
um das Schnäuzchen des Mäusleins zusammenzukleben.»

Das Kornfeld rauschte und sagte:

«Schon lange dürstet es mich nach Regen,
schaff' Wasser mir, so will ich gern dir vom Weizen geben!»

Das hinkende Kätzchen lief auf einen Hügel und rief zum Himmel hinauf:

> «Segenspendender Himmel, ich bitte dich sehr,
> sende mir Regen für das Kornfeld her!
> Korn muss ich für Mehl dem Müller geben,
> Mehl muss ich dem Bäcker geben,
> Bäcker wird für das Schwein mir Kleie geben,
> Schwein will mir dann Borsten geben,
> Borsten will ich dem Schuster geben,
> Schuster wird mir Pech dann geben,
> um das Schnäuzchen des Mäusleins
> zusammenzukleben.»

Da brauten sich graue Wolken am Himmel zusammen und es begann weich und lind zu regnen. So trank sich das Weizenfeld satt und war zufrieden.

> Der Himmel gab Regen für das Feld,
> das Kornfeld gab Weizen für den Müller,
> der Müller gab Mehl für den Bäcker,
> der Bäcker gab Kleie für das Schwein,
> das Schwein gab Borsten für den Schuster,
> der Schuster gab Pech für das Mäuslein.

Und das hinkende Kätzchen lief zum Mäuslein und klebte ihm mit dem Pechpflaster das Schnäuzlein zusammen, bis es nach einer Weile wieder ganz und gar heilte. Dann lebten sie fröhlich und vergnügt und ohne weiteres Unglück zusammen.

Die Wundernuss

Ich habe eine Wundernuss,
weißt du, wie man sie öffnen muss?

Man braucht dazu nicht eben viel,
man sagt nur: Lirum, larum, Löffelstiel!

Sieh nur die Nuss, wie sie sich regt,
wie sie sich wunderbar bewegt!

Sie tut sich langsam auf – und dann
steigt aus der Nuss ein kleiner Mann!

Er neigt sich tief, er lädt dich ein,
er sagt: Mein Königreich ist klein.

Es ist in dieser Nuss versteckt!
und hast du erst mein Schloss entdeckt,

dann gehst du sicher nie mehr fort!
Ich lehre dich ein Zauberwort,

dass du so winzig wirst wie ich!
Bleib stehen und erwarte mich,

weil ich aus meiner Wundernuss
das Zauberwort erst holen muss!

Ade – gleich bin ich wieder hier,
dann sollst du König sein bei mir!

Hedwig Diestel

Wie der Rabe der Schneeammer ihr Liedchen raubte

Der Frühling war da, auch in den hohen Norden war er endlich gekommen und überzog die Erde mit frischem Grün. Aus den warmen Gegenden kamen zwei Schneeammern zu den Felsen am Meer geflogen. Auf einer hohen Klippe dicht am Wasser bauten sie ihr Nest.
Die Schneeammermutter legte ein Ei und machte sich daran, es auszubrüten. Um das Ei vor Regen und kaltem Wind zu schützen, blieb sie immerfort darauf sitzen und konnte sich lange Zeit nie satt essen und nie ausschlafen.
Endlich schlüpfte ein Söhnchen aus dem Ei, hübsch und niedlich anzuschauen. Kein Vogel an der ganzen Küste hatte ein schöneres Kindchen. Nur eines war schlimm – es schrie immerzu. Man konnte schon sagen, es war ein rechter Schreihals.
Nun hatten die Eltern wahrlich kaum mehr Zeit, selbst zu trinken, zu essen oder zu schlafen.
Da endlich fiel der Schneeammermutter ein Liedchen ein. Sie saß auf dem Rand ihres Nestes und sang für ihr Söhnlein:

> «Tülip! Türülip! Türülip!
> Wer hat das schönste Köpfchen klein?
> Und auch die schönsten Flügelein?
> Tülip! Türülip! Türülip!
> Wer hat die schönsten Federlein?
> Das ist mein liebes Söhnchen klein!
> Tülip! Türülip! Türülip!»

Und sofort hörte das Schneeammerkind mit seinem Schreien auf und schlief glücklich ein. Die Schneeammer aber sang ihr Liedchen weiter und immer weiter.

«Tülip! Türülip! Türülip!
Wer hat das schönste Köpfchen klein?
Und auch die schönsten Flügelein?
Tülip! Türülip! Türülip!
Wer hat die schönsten Federlein?
Das ist mein liebes Söhnchen klein!
Tülip! Türülip! Türülip!»

Ein Rabe hörte das Liedchen, setzte sich auf einen Ast in der Nähe und lauschte ganz verzückt. Das Liedchen gefiel ihm so gut, dass er die Schneeammer bat: «Bitte schenk mir dein Liedchen! Gib es mir!»
Empört sagte die Schneeammer: «Was sagst du da! Mein Lied kann ich dir nicht geben, ich habe ja nur das eine.»
Doch der Rabe ließ nicht locker und bettelte: «Bitte, bitte, gib es mir! Ich kann ohne das Liedchen nicht mehr leben.»
Die Schneeammer sagte nur: «Hör auf zu betteln! Mein Söhnchen schläft ohne das Lied nicht mehr ein. Da kann ich es doch nicht hergeben!»
Da wurde der schwarze Rabe ärgerlich und rief: «Gibst du es mir nicht im Guten, dann raube ich es mit Gewalt!»
Er flog zu der Schneeammer, riss ihr das Liedchen vom Schnabel und flog davon.
Sofort begann das Söhnchen der Schneeammer wieder zu schreien, und die Vogelmutter weinte bitterlich. Der Schneeammervater kam mit Futter im Schnabel angeflogen, er wunderte sich und fragte: «Was ist geschehen? Warum seid ihr beide traurig?»
«Ach, ein schreckliches Unglück ist geschehen», sagte die Schneeammer. «Ein Rabe hat uns das Lied weggenommen. Nun kann unser Söhnchen nicht mehr einschlafen und schreit vor Kummer. Was soll nun werden?»
Da packte den Schneeammervater der Zorn. Seine Augen funkelten und er stampfte mit dem Fuß auf. «Gib mir meine Jagdfäustlinge,» rief er, «meinen Kampfbogen und meine treffsicheren Pfeile! Ich werde den schwarzen Räuber suchen und ihm das Lied wieder entreißen!»

Lange flog er und flog weit umher. Er sah viele Vögel, Rebhühner und andere, aber die Raben suchte er vergebens.

Endlich erblickte er auf den Klippen einen ganzen Schwarm Raben. Er setzte sich in der Nähe auf einen Baum, legte einen Pfeil auf den Bogen und wartete. Wer das Liedchen singen würde, der würde schon sehen, was ihm passierte. Doch er hörte nur ein hässliches Krächzen, niemand stimmte ein Lied an.

Da flog der Schneeammervater weiter. Endlich sah er einen einzelnen Raben auf einem Zweig sitzen. Der hatte die Augen geschlossen, wiegte sich hin und her zu seinem Gesang:

«Tülip! Türülip! Türülip!
Wer hat das schönste Köpfchen klein?
Und auch die schönsten Flügelein?
Tülip! Türülip! Türülip!
Wer hat die schönsten Federlein?
Das ist mein liebes Söhnchen klein!
Tülip! Türülip! Türülip!»

Immer wieder sang er das Liedchen der Schneeammer und konnte selbst gar nicht genug davon hören.

Erzürnt setzte sich der Schneeammervater auf einen Baum in der Nähe, hörte eine Weile zu, dann bedrohte er den Raben mit Bogen und Pfeil. Als dieser den wütenden Schneeammervater erblickte, erschrak er so sehr, dass ihm das Liedchen aus dem Schnabel fiel. Rasch flog der kleine Vogel herzu, fing das Liedchen mit seinem Schnabel auf und beeilte sich, wieder zu seinem Nest zu kommen. Schon aus der Ferne hörte er das Söhnchen schreien und die Mutter weinen.

«Ihr braucht nicht mehr zu schreien und zu weinen», sagte er zu ihnen. «Ich habe dem bösen Räuber unser Liedchen wieder abgenommen. Hier ist es!»

Da freute sich die Schneeammermutter und stimmte das Liedchen an. Das Söhnchen wurde ganz still und schlief zufrieden ein.

Seither bleiben alle Schneeammern stumm, wenn ein Rabe vorbeifliegt, denn sie haben Angst, einer könnte ihnen erneut ihr Lied wegnehmen. So blieb ihnen ihr Liedchen bewahrt, und sie singen damit bis auf den heutigen Tag ihre Kinderchen in den Schlaf.

> «Tülip! Türülip! Türülip!
> Wer hat das schönste Köpfchen klein?
> Und auch die schönsten Flügelein?
> Tülip! Türülip! Türülip!
> Wer hat die schönsten Federlein?
> Das ist mein liebes Söhnchen klein!
> Tülip! Türülip! Türülip!»

Sieben kleine Bären

Sieben kleine Bären
gingen trippeltrappel
durch den Wald
und hielten sich brav
bei den Vordertatzen.

Da standen
sieben kleine Katzen
bei einer Pappel
am Bach.
Und sagten: «Ach!
Wären wir drüben,
miau!»

Da nahmen die sieben kleinen Bären
die sieben kleinen Katzen
auf ihren Rücken
und sagten: «Wir sind stark,
es wird uns schon glücken.»

Die Katzen machten die Augen zu
vor Ängsten.
Und der kleinsten
war es am bängsten.

Als sie am anderen Ufer waren,
sagten die sieben Kätzlein
artig das Sätzlein:
«Wir danken schön!»

«Es ist gern geschehn!»
erklärten die Bären
und meinten auch:
«Ja, wenn wir nicht wären!»

Josef Guggenmos

Die Ziegen, der Wolf und der Fuchs

Es war einmal im Frühling, als sieben Ziegenmütter auf einer grünen Wiese friedlich weideten. Da kam plötzlich ein hungriger Wolf aus dem Walde herangeschlichen. Der drängte sie an einer dichten Hecke zusammen und rief mit drohender Stimme: «Holla, ihr Ziegen! Jetzt hat euer letztes Stündlein geschlagen! Seit drei Tagen habe ich nichts mehr gefressen, nun werde ich euch allesamt mit Haut und Haar verschlingen!»

Da jammerten die Ziegen zum Steinerweichen: «Ach, Gevatter Wolf, habt Erbarmen! Unsere Zicklein sind noch ganz klein, ohne unsere Milch müssten sie elend umkommen!»

Doch der Wolf wollte von Erbarmen nichts hören, er rückte den armen Ziegen immer näher und grollte:

«Der Hunger treibt mich um!
Der Hunger macht mich krumm!
Ich brauche was zu beißen,
ich brauche was zu reißen!
Nun ist die Erste von euch dran ... !»

Damit wollte er sich auf sie stürzen, doch die Ziegen schmiegten sich aneinander, sie meckerten eine lauter als die andere und hörten nicht auf zu betteln:

«Ach, unsere Kleinen,
Wie werden sie weinen!
Wer soll sie ernähren,
Gefahren abwehren,
das Leben sie lehren?»

Am Ende wurde der Wolf von dem heftigen Meckern der Ziegen ganz dumm und dösig. Zuletzt riefen diese:
«Gevatter Wolf, gebt uns ein Jahr Zeit, unsere Kinder großzuziehen. Wir versprechen alle sieben, im nächsten Frühjahr wiederzukommen. Dann mögt Ihr mit uns tun, was Ihr wollt!»
Da ließ er von ihnen ab, drohte aber:
«Nun gut! Aber wehe euch, wenn ihr nicht heute in einem Jahr auf den Tag genau pünktlich zur Stelle seid, sonst werde ich euch schon zu finden wissen!»
Damit ließ er die Ziegen laufen und trottete dem Walde zu. Dabei murmelte er immer wieder zornig vor sich hin:

«Der Hunger treibt mich um!
Der Hunger macht mich krumm!
Ich brauche was zu beißen,
ich brauche was zu reißen!»

Am Ende fand er ein kleines Tier, schlang es hinunter und stillte so seinen ärgsten Hunger.
Nach dem Frühling kam der warme Sommer, der bunte Herbst verging rasch, dann kam der Winter mit seinem Schnee, und plötzlich war es schon wieder Frühling, und die Ziegen machten sich auf ihren schweren Weg zum Wolf. Unterwegs klagten und jammerten sie über ihr böses Geschick.
Ein Fuchs hörte ihr Jammern und fragte:

«Wohin des Weges, was habt ihr im Sinn?
Ihr klagt ja, als wär' eure Freude dahin.»

«Ach, lieber Freund, das ist es ja eben,
der böse Wolf, er will uns ans Leben!»

So jammerten die Ziegen und erzählten dem Fuchs, was sie mit dem Wolf vor einem Jahr ausgemacht hatten. «Und nun gehen wir unserem Schicksal entgegen», sagten sie.
«Ich könnte euch vielleicht helfen», sagte der schlaue Fuchs, «doch was wollt ihr mir dafür geben?» Ratlos sahen sich die Ziegen an und meckerten noch trauriger als zuvor. «Nun, ich habe Mitleid mit euch. Lasst mich von eurer Milch trinken, dann werde ich euch sagen, wie ihr euern Kummer wieder in Freude verwandeln könnt.»
Ach, wie gern boten die Ziegen dem Fuchs ihre Milch! Der trank sich satt und sagte dann: «Ihr habt doch alle kräftige Hörner!» Da meckerten die Ziegen wieder ganz aufgeregt durcheinander und riefen: «Gegen den Wolf können unsere Hörner nichts ausrichten!»
«Ihr versteht mich falsch», sagte der Fuchs, «ihr müsst eure Waffen mit List gebrauchen. Jede von euch soll ein großes Stück von diesem Rasen hier mit ihren Hörnern ausschneiden und es sich dann über der Stirn aufspießen.»
Sofort machten sich die Ziegen ans Werk und trugen bald einen seltsamen grünen Kopfputz. Nur eine von ihnen hatte zu kurze Hörner, so konnte sie auch kein Rasenstück auf dem Kopf tragen.
«Nun mutig voran!», sagte der Fuchs. «Ich führe euch zum Wolf. Bleibt ein gehöriges Stück hinter mir, dass euch Meister Isegrimm nicht so genau

erkennt – und lasst die Köpfe nicht so ängstlich hängen, ich verspreche euch: alles wird gut!»

So zogen die sieben Ziegen eine nach der anderen hinter dem Fuchs her, aber trotz allen guten Zuredens war ihnen immer noch bänglich zumute.

Da langten sie auf der Wiese an, wo sie vor einem Jahr den Wolf getroffen hatten. Und wirklich, das Untier erwartete sie auch schon und grollte wieder sein Sprüchlein:

>«Der Hunger treibt mich um!
>Der Hunger macht mich krumm!
>Ich brauche was zu beißen,
>ich brauche was zu reißen!
>Wo bleiben meine Ziegen nur?»

«Holla, Gevatter Wolf, wie geht's, wie steht's?», rief der Fuchs. «Holla, Füchslein!», antwortete der Wolf. «Gut geht es mir, gut, denn dort hinten sehe ich schon die sieben Ziegen kommen, die ich mir seit dem letzten Frühjahr aufgespart habe und die ich gleich fressen werde.»
«Die Ziegen dort hinten meinst du?», fragte der listige Fuchs. «Mit denen ist nicht gut Kirschen essen, ihnen sind mächtig spitze Hörner gewachsen.»
«So, so», sagte der Wolf ganz grimmig, «vor den ängstlichen Ziegen habe ich keine Angst; die zittern ja wie Espenlaub, wenn sie mich nur sehen! Aber sahst du sie schon aus der Nähe? Was tragen sie denn alle auf dem Kopf?»
«Das sind die Köpfe der Wölfe, die sie heute morgen schon getötet haben!»
«So? Und warum trägt eine von ihnen keinen auf ihren Hörnern?» – «Ach die, das ist die stärkste von allen», antwortete der Fuchs, «die wartet auf deinen Kopf, den sie sich gleich aufspießen will!»
Da bekam der Wolf einen gewaltigen Schreck und rief: «Ich glaube nicht, dass ich heute noch großen Appetit auf Ziegenfleisch habe!» Er klemmte seinen Schwanz zwischen die Beine und trollte sich mit hungrigem Magen wieder in den Wald.
Die Ziegen aber tanzten vor Freude, dankten dem Fuchs für ihre Rettung und liefen schnell heim zu ihren Kindern.

> Tric, trac, troc,
> Horcht auf die Glock'!
> Tric, trac, traus,
> Das Märlein ist aus.

Schnabelwetzer

> Kleine Kinder können keine
> kleinen Kirschkerne knacken.
>
> *Volksgut*

Abzählreime

Itzen, ditzen, Silberschnitzen,
itzen, ditzen, draus.
Draus bist du noch lange nicht,
sag mir erst, wie alt du bist.
(Das Kind sagt sein Alter)
3 – Eins, zwei, drei – du bist jetzt frei!
4 – Eins, zwei, drei, vier – bleib nicht mehr hier!
5 – Eins, zwei, drei, vier, fünf – mach dich auf die Strümpf!
6 – Eins, zwei, drei, vier, fünf, sechs – geh zu der Hex!

Erster Teil Volksgut, zweiter Teil hinzugefügt

Aus anderen Ländern

Enki, benki
sigli sa,
enki, benki ba
gawida.

Georgisches Volksgut

Am stram gram
Pic et pic et colégram
Bour et bour et ratatam,
Am stram gram.

Französisches Volksgut

Das krumme Männlein

Es war einmal ein krummes, krummes Männlein,
ja Männlein,
das ging einen krummen, krummen Weg entlang,
Weg entlang.
da fand's ein krummes, krummes Pfennigstück,
ja, Pfennigstück,
und kauft dafür ein krummes, krummes Kätzelein,
ja, Kätzelein,
das fing sogleich ein krummes, krummes Mäuselein,
ja, Mäuselein,
und jagt' es um und um und um
und um die ganze Welt herum.

Volksgut aus England

Hahnchen und Hennchen

Ein Hahnchen und ein Hennchen gingen zusammen spazieren. Das Hahnchen fand eine Bohne, und das Hennchen fand eine Erbse. Das Hennchen fraß seine Erbse auf, aber das Hahnchen pflanzte die Bohne unter die Ofenbank, wo ein bisschen Erde war, und die Bohne wuchs gerade und schön in die Höhe.
Als die Bohne bis an die Ofenbank reichte, rief das Hahnchen:

«Ofenbank, weg da!
Dass meine Bohne Platz hat!»

Und die Ofenbank machte auch wirklich Platz, sodass die Bohne weiter wachsen konnte.
Nach einiger Zeit rief das Hahnchen:

«Balken, Balken, weg da!
Dass meine Bohne Platz hat!»

Und der Balken musste zur Seite weichen, dass die Bohne weiter wachsen konnte.
Und wieder nach einer Weile rief das Hahnchen:

«Dach, Dach, weg da!
Dass meine Bohne Platz hat!»

Und es wurde auch gleich ein Loch im Dach, sodass die Bohne weiter wachsen konnte.
So wuchs sie denn immer weiter und weiter bis an die höchsten weißen Wolken; und das Hahnchen wollte gerade rufen, es solle da Platz gemacht werden, als der Wettermacher Petrus die Wolken ein klein bisschen auseinanderschob und der Bohne aus Versehen die Spitze abbrach, dass sie nicht weiter wachsen konnte.
Da jammerte das Hahnchen:

«Potztausend, Blitz und Donner!
Meiner Bohne ist der Kopf abgeschlagen,
wer ersetzt mir nun den Schaden?»

Sofort kletterte es an der Bohne empor in den Himmel, um bei Petrus sein Recht einzuklagen.

Als Petrus die Klage des Hahnchens angehört hatte, tat es ihm leid, und er gab ihm zum Trost einen Sack voll Roggen und einen Sack mit Erbsen. Damit konnte es doch wohl zufrieden sein. Das Hahnchen stieg mit seinen beiden Säcken wieder hinunter auf die Erde zu seinem Haus, schüttete Roggen und Erbsen in der Stube auf den Boden und rief:

«Hennchen, Kükchen, kommt und seht,
fresst euch satt, von früh bis spät!»

Da kamen sie alle, Hennchen und Kükchen, angerannt, pickten und pickten, fraßen und fraßen, so viel sie nur konnten, und auch das Hahnchen pickte und fraß mit ihnen um die Wette. Das reichte nun eine ganze Weile.

Doch eines Tages waren alle Erbsen und alle Roggenkörner aufgepickt, auch die letzten, die unter den Schrank gerollt waren.

Da machte sich das Hahnchen wieder auf in den Himmel und klagte dem Petrus, dass der Schaden noch lange nicht gutgemacht sei. Petrus hörte sich das an, wiegte den Kopf hin und her und gab schließlich einen Sack voll Weizen und einen Sack voll Gerste her. Damit konnte das Hahnchen doch wohl zufrieden sein. Das stieg mit seinen beiden Säcken wieder hinunter auf die Erde zu seinem Haus, schüttete Weizen und Gerste in der Stube auf den Boden und rief:

«Hennchen, Kükchen, kommt und seht,
fresst euch satt, von früh bis spät!»

Da kamen sie alle, Hennchen und Kükchen, angerannt, pickten und pickten, fraßen und fraßen, so viel sie nur konnten, und auch das Hahnchen pickte und fraß mit ihnen um die Wette. Das reichte nun wieder eine ganze Weile.

Als wieder alle Körner ratzeputz aufgefressen waren, sagte das Hahnchen: «Meine Bohne hätte uns das ganze Leben lang ernähren können! Petrus ist mir noch mehr schuldig, als er mir bisher gegeben hat. Damit ging es abermals in den Himmel und klagte Petrus an. Der wollte schon mächtig böse werden, da besann er sich doch wieder und gab einen Sack Hafer und einen mit anderen Körnern her. Nun sollte das Hahnchen doch wohl endlich zufrieden sein!

Das stieg mit seinen beiden Säcken wieder hinunter auf die Erde zu seinem Haus, schüttete alle Körner in der Stube auf den Boden und rief:

«Hennchen, Kükchen, kommt und seht,
fresst euch satt, von früh bis spät!»

Da kamen sie alle, Hennchen und Kükchen, angerannt, pickten und pickten, fraßen und fraßen, so viel sie nur konnten, und auch das Hahnchen pickte und fraß mit ihnen um die Wette. Das reichte nun wieder eine ganze Weile. Als das Hahnchen nun aber noch einmal in den Himmel wanderte, um Petrus zu verklagen, da wurde es diesem wirklich zu bunt. «Na warte, du Nimmersatt», sagte er, «dir werde ich das Betteln schon noch austreiben!» Er nahm es in seine großen Hände und schüttelte es so kräftig, dass dem Hahnchen Hören und Sehen verging. Als es keinen Mucks mehr von sich gab, machte Petrus den Himmel auf und warf das Hahnchen hinaus, sodass es tot auf die Erde fiel und gerade vor die Tür von seinem eigenen Hause zu liegen kam.

Ach, was musste das arme Hennchen da sehen, als es die Tür öffnete! Sein lieber Mann, das Hahnchen, lag starr und wie leblos im Grase vor dem Haus. Laut jammernd trug es ihn auf einen breiten Zaunpfahl und legte ihn dort nieder. Dort blieb das Hahnchen aber nicht lange liegen; die große böse Schawei kam herbeigeflogen und schleppte es mit sich fort in ihr Haus, gerade konnte das Hennchen ihren Schatten mit dem lieben Hahnchen im Maul noch

sehen. Da sagte es ganz tapfer: «Ich werde in die
Welt fahren und mein Hahnchen suchen,
um es gesund zu pflegen!», und schaffte sich
ein papiernes Wagchen und vier Mäuse an,
die sollten es ziehen, als wären sie Pferde.
So fuhr das Hennchen in die Welt.
Nach einer Weile begegnete ihm
eine Stecknadel, die bettelte:
«Schipphennchen, nimm mich mit!»
«Meinetwegen!», sagte das Hennchen.

«Setz dich hinten auf meinen Wagen,
sieh, ob meine Rädchen tragen,
hör, ob meine Mäuschen piepen,
fahr nur immerzu!»

Und die Stecknadel setzte sich hinten auf den Wagen.
Wie das Fuhrwerk wieder eine Weile gefahren war, kam ein Entchen, und das
bat auch: «Schipphennchen, nimm mich mit!»
«Meinetwegen!», sagte das Hennchen.

«Setz dich hinten auf meinen Wagen,
sieh, ob meine Rädchen tragen,
hör, ob meine Mäuschen piepen,
fahr nur immerzu!»

Und so setzte sich das Entchen neben die Stecknadel – und fort ging's.
Es dauerte nicht lange, so trafen sie ein Ei, und das bat ebenfalls: «Schipp-
hennchen, nimm mich mit!»
«Meinetwegen!», sagte das Hennchen.

«Setz dich hinten auf meinen Wagen,
sieh, ob meine Rädchen tragen,
hör, ob meine Mäuschen piepen,
fahr nur immerzu!»

So kam denn auch das Ei mit, und alle fuhren zusammen weiter. Nach einer Weile trafen sie einen Mühlstein, der bat: «Schipphennchen, nimm mich mit!»
«Meinetwegen!», sagte das Hennchen.

> «Setz dich hinten auf meinen Wagen,
> sieh, ob meine Rädchen tragen,
> hör, ob meine Mäuschen piepen,
> fahr nur immerzu!»

Und so kam auch der Mühlstein mit, und alle fuhren weiter, bis sie an das Haus kamen, wo die große Schawei wohnte. Die war aber gerade ausgeflogen.
Nun ging die Stecknadel in die Stube und steckte sich dort in das Handtuch; das Entchen setzte sich in eine Schüssel mit Wasser, die in der Ecke stand; das Ei verscharrte sich in der Asche auf dem Herd; der Mühlstein legte sich oben auf die Lucht (den Dachboden); und das Hennchen nahm einen Knüppel und legte sich damit in das Bett von der Schawei.
Es dauerte nun auch nicht mehr lange, da kam das alte böse Tier nach Hause. Alle verhielten sich ganz still. Die Schawei war zwar hungrig, aber sie meinte, es sei schon zu spät zum Abendbrot, so wollte sie lieber schlafen. Wie sie sich im Bett zurechtlegte, da flog ihr auch schon das Hennchen mit dem Knüppel um den Kopf und gab ihr einen solchen Schlag, dass sie gleich wieder aus dem

Bett fiel. «Na», sagte sie verwundert, «wenn ich meine Ruhe nicht finden soll, will ich doch noch Feuer anmachen und Abendbrot kochen!» Und damit ging sie an den Herd.

Wie sie aber in der Asche herumwühlte, platzte das Ei ihr so in die Augen, dass ihr das Gesicht über und über klebrig wurde. «Tausend noch eins!», rief sie erschreckt und lief an die Schüssel mit Wasser, um sich abzuwaschen. Ja, da plätscherte das Entchen so wild herum, dass das Wasser in die Höhe sprang und der Schawei über den Kopf kam.

Die lief nun voll Angst an das Handtuch, um sich die Augen klar zu machen, aber die Stecknadel ritzte ihr sofort das Gesicht.

Jetzt war die Schawei ganz außer sich und wollte ins Freie laufen, aber als sie an der offenen Luke zur Lucht vorbeikam, kullerte ihr der Mühlstein auf den Kopf und erschlug sie.

Wer war nun fröhlicher als mein Hennchen? Es fing sofort an, im Hause herumzusuchen, und suchte und suchte, bis es endlich in einer Kammer sein liebes Hahnchen fand. Und ob ihr es glauben wollt oder nicht, das Hahnchen war wieder gesund und springlebendig, denn die böse Schawei hatte es eingesperrt, um es eines schönen Tages verzehren zu können. Das war ihr nun aber nicht geglückt.

Das Hennchen ging mit seinem Hahnchen seelenvergnügt nach Hause. Sie lebten fortan in lauter Glück und, wer weiß, vielleicht leben sie noch heute.

Das Wasser

Vom Himmel fällt der Regen
Und macht die Erde nass,
Die Steine auf den Wegen,
Die Blumen und das Gras.

Die Sonne macht die Runde
In altgewohntem Lauf
Und saugt mit ihrem Munde
Das Wasser wieder auf!

Das Wasser steigt zum Himmel
Und wallt dort hin und her.
Da gibt es ein Gewimmel
Von Wolken, grau und schwer.

Die Wolken werden nasser
Und brechen auseinand',
Und wieder fällt das Wasser
Als Regen auf das Land.

Der Regen fällt ins Freie,
Und wieder saugt das Licht,
Die Wolke wächst aufs Neue,
Bis dass sie wieder bricht.

So geht des Wassers Weise:
Es fällt, es steigt, es sinkt
In ewig-gleichem Kreise,
Und alles, alles trinkt!

James Krüss

Es regnet

Schau doch wie die Regenmännchen
in den Pfützen tanzen –
in den Pfützen in den Pfützen
mit den spitzen Zipfelmützen
Schau doch wie die Regenmännchen
in den Pfützen tanzen –
in den Pfützen in den Pfützen
mit den spitzen Zipfelmützen
Schau doch wie die Regenmännchen
in den Pfützen tanzen
in den Pfützen in den Pfützen
mit den spitzen Zipfelmützen
Schau doch wie die Regenmännchen
in den Pfützen tanzen ...

Friedl Hofbauer

Auf dem Ausflug

Kommen Sie, Herr Wolkenschieber,
kommen Sie, Herr Wind, geschwind!
Denn die Wolke dort, die dicke,
schaut so finster, so ergrimmt.

Schicken will sie uns, das sieht man,
einen pudelnassen Gruß.
Lieber Wind, sind wir Radieschen,
dass man uns begießen muss?

Wenn wir noch so eifrig blasen,
was wir tun – sie lacht dazu.
Sie bis Russland fortzujagen,
das vermag nur einer: du!

Josef Guggenmos

Spruch

Bei grauem Wetter
Öffne, lieber Gott, ein kleines Tor,
dass die Sonne guck hervor.
Sonne, komm mit deinem Schein,
lass nicht auf dich warten,
weil sonst meine Blümelein
erfrier'n in unserm Garten.

Volksgut

Wir wenden das Heu

Wir wenden, wir wenden, wir wenden das Heu,
wir rufen die helfenden Geister herbei,

die Gnomen zur Wache, die Elfen zum Tanz,
die flatternden Falter zum krönenden Kranz.

Und scheinet die Sonne und wehet der Wind,
dann trocknen die duftenden Schwaden geschwind.

Der Winter ist lang, und der Winter ist kalt,
da bündeln wir Heu für die Hirsche im Wald.

Marianne Garff

Sommerlust

Wie ist doch die Erde so schön, so schön!
Das wissen die Vögelein;
sie heben ihr leicht Gefieder
und singen so fröhliche Lieder
in den blauen Himmel hinein.

Robert Reinick

Spruch vor Tisch

Erde, die uns dies gebracht,
Sonne, die es reif gemacht,
liebe Sonne, liebe Erde,
euer nie vergessen werde!

Christian Morgenstern

Dornröschen

Vor Zeiten war ein König und eine Königin, die sprachen jeden Tag: «Ach, wenn wir doch ein Kind hätten!» und kriegten immer keins. Da trug es sich zu, als die Königin einmal im Bade saß, dass ein Frosch aus dem Wasser ans Land kroch und zu ihr sprach: «Dein Wunsch wird erfüllt werden; ehe ein Jahr vergeht, wirst du eine Tochter zur Welt bringen.»

Was der Frosch gesagt hatte, das geschah, und die Königin gebar ein Mädchen, das war so schön, dass der König vor Freude sich nicht zu lassen wusste und ein großes Fest anstellte. Er ladete nicht bloß seine Verwandte, Freunde und Bekannte, sondern auch die weisen Frauen dazu ein, damit sie dem Kind hold und gewogen wären. Es waren ihrer dreizehn in seinem Reiche, weil er aber nur zwölf goldene Teller hatte, von welchen sie essen sollten, so musste eine von ihnen daheim bleiben.

Das Fest ward mit aller Pracht gefeiert, und als es zu Ende war, beschenkten die weisen Frauen das Kind mit ihren Wundergaben: die eine mit Tugend, die andere mit Schönheit, die dritte mit Reichtum, und so mit allem, was auf der Welt zu wünschen ist. Als elfe ihre Sprüche eben getan hatten, trat plötzlich die dreizehnte herein. Sie wollte sich dafür rächen, dass sie nicht eingeladen war, und ohne jemand zu grüßen oder nur anzusehen, rief sie mit lauter Stimme: «Die Königstochter soll sich in ihrem fünfzehnten Jahr an einer Spindel stechen und tot hinfallen.» Und ohne ein Wort weiter zu sprechen, kehrte sie sich um und verließ den Saal. Alle waren erschrocken, da trat die zwölfte hervor, die ihren Wunsch noch übrig hatte, und weil sie den bösen Spruch nicht aufheben, sondern nur ihn mildern konnte, so sagte sie: «Es soll aber kein

Tod sein, sondern ein hundertjähriger tiefer Schlaf, in welchen die Königstochter fällt.»

Der König, der sein liebes Kind vor dem Unglück gern bewahren wollte, ließ den Befehl ausgehen, dass alle Spindeln im ganzen Königreiche sollten verbrannt werden. An dem Mädchen aber wurden die Gaben der weisen Frauen sämtlich erfüllt, denn es war so schön, sittsam, freundlich und verständig, dass es jedermann, der es ansah, liebhaben musste.

Es geschah, dass an dem Tage, wo es gerade fünfzehn Jahr alt ward, der König und die Königin nicht zu Hause waren, und das Mädchen ganz allein im Schloss zurückblieb. Da ging es allerorten herum, besah Stuben und Kammern, wie es Lust hatte, und kam endlich auch an einen alten Turm. Es stieg die enge Wendeltreppe hinauf, und gelangte zu einer kleinen Türe. In dem Schloss steckte ein verrosteter Schlüssel, und als es umdrehte, sprang die Türe auf, und saß da in einem kleinen Stübchen eine alte Frau mit einer Spindel und spann emsig ihren Flachs. «Guten Tag, du altes Mütterchen», sprach die Königstochter, «was machst du da?» – «Ich spinne», sagte die Alte und nickte mit dem Kopf. «Was ist das für ein Ding, das da so lustig herumspringt?», sprach das Mädchen, nahm die Spindel und wollte auch spinnen. Kaum hatte sie aber die Spindel angerührt, so ging der Zauberspruch in Erfüllung, und sie stach sich damit in den Finger.

In dem Augenblick aber, wo sie den Stich empfand, fiel sie auf das Bett nieder, das da stand, und lag in einem tiefen Schlaf. Und dieser Schlaf verbreitete sich über das ganze Schloss: der König und die Königin, die eben heimgekommen waren und in den Saal getreten waren, fingen an einzuschlafen, und der ganze Hofstaat mit ihnen.

Da schliefen auch die Pferde im Stall, die Hunde im Hofe, die Tauben auf dem Dache, die Fliegen an der Wand, ja, das Feuer, das auf dem Herde flackerte, ward still und schlief ein, und der Braten hörte auf zu brutzeln, und der Koch, der den Küchenjungen, weil er etwas versehen hatte, an den Haaren ziehen wollte, ließ ihn los und schlief. Und der Wind legte sich, und auf den Bäumen vor dem Schloss regte sich kein Blättchen mehr.

Rings um das Schloss aber begann eine Dornenhecke zu wachsen, die jedes Jahr höher ward und endlich das ganze Schloss umzog und darüber hinauswuchs, dass gar nichts mehr davon zu sehen war, selbst nicht die Fahne auf dem Dach.
Es ging aber die Sage in dem Land von dem schönen schlafenden Dornröschen, denn so ward die Königstochter genannt, also dass von Zeit zu Zeit Königssöhne kamen und durch die Hecke in das Schloss dringen wollten. Es war ihnen aber nicht möglich, denn die Dornen, als hätten sie Hände, hielten fest zusammen, und die Jünglinge blieben darin hängen, konnten sich nicht wieder losmachen und starben eines jämmerlichen Todes.
Nach langen Jahren kam wieder einmal ein Königssohn in das Land und hörte, wie ein alter Mann von der Dornhecke erzählte, es sollte ein Schloss dahinter stehen, in welchem eine wunderschöne Königstochter, Dornröschen genannt, schon seit hundert Jahren schliefe, und mit ihr schliefe der König und die Königin und der ganze Hofstaat. Er wusste auch von seinem Großvater, dass schon viele Königssöhne gekommen wären und versucht

hätten, durch die Dornenhecke zu dringen, aber sie wären darin hängen geblieben und eines traurigen Todes gestorben. Da sprach der Jüngling: «Ich fürchte mich nicht, ich will hinaus und das schöne Dornröschen sehen.» Der gute Alte mochte ihm abraten, wie er wollte, er hörte nicht auf seine Worte. Nun waren aber gerade die hundert Jahre verflossen, und der Tag war gekommen, wo Dornröchen wieder erwachen sollte. Als der Königssohn sich der Dornenhecke näherte, waren es lauter große schöne Blumen, die taten sich von selbst auseinander und ließen ihn unbeschädigt hindurch, und hinter ihm taten sie sich wieder als eine Hecke zusammen. Im Schlosshof sah er die Pferde und scheckigen Jagdhunde liegen und schlafen, auf dem Dache saßen die Tauben und hatten das Köpfchen unter die Flügel gesteckt. Und als er ins Haus kam, schliefen die Fliegen an der Wand, der Koch in der Küche hielt noch die Hand, als wollte er den Jungen anpacken, und die Magd saß vor dem schwarzen Huhn, das sollte gerupft werden. Da ging er weiter und sah im Saale den ganzen Hofstaat liegen und schlafen, und oben bei dem Throne lag der König und die Königin.

Da ging er noch weiter, und alles war so still, dass einer seinen Atem hören konnte, und endlich kam er zu dem Turm und öffnete die Türe zu der kleinen Stube, in welcher Dornröschen schlief. Da lag es und war so schön, dass er die Augen nicht abwenden konnte, und er bückte sich und gab ihm einen Kuss. Wie er es mit dem Kuss berührt hatte, schlug Dornröschen die Augen auf, erwachte und blickte ihn ganz freundlich an.

Da gingen sie zusammen herab, und der König erwachte und die Königin und der ganze Hofstaat, und sahen einander mit großen Augen an. Und die Pferde im Hof standen auf und rüttelten sich: die Jagdhunde sprangen und wedelten: die Tauben auf dem Dache zogen das Köpfchen unterm Flügel hervor, sahen umher und flogen ins Feld: die Fliegen an den Wänden krochen weiter: das Feuer in der Küche erhob sich, flackerte und kochte das Essen: der Braten fing wieder an zu brutzeln: und der Koch gab dem Jungen eine Ohrfeige, dass er schrie: und die Magd rupfte das Huhn fertig.

Und da wurde die Hochzeit des Königssohns mit dem Dornröschen in aller Pracht gefeiert, und sie lebten vergnügt bis an ihr Ende.

Lied der Blumenfrau

Kennt ihr meine Blumen schon,
Alle die famosen?
Lilien und Feuermohn,
Tausendschön und Rosen!

Dieser Karren ist mein Schloss,
Voll mit grünen Moosen,
Tausendschön und Mohn und Phlox,
Lilien und Rosen.

Und der Schemel ist mein Thron
Mit dem rosa Kissen
Zwischen Klee und Feuermohn,
Rosen und Narzissen.

An den Schirm aus Karmesin
Dürft ihr ja nicht stoßen!
Denn er ist mein Baldachin
Zwischen Mohn und Rosen.

Hört ihr einen feinen Ton?
Dieser Ton bedeutet,
Dass die Glockenblume schon
Feierabend läutet.

Holt euch (denn bald schließ ich schon)
Schöne Herbstzeitlosen,
Lilien und Feuermohn,
Tausendschön und Rosen.

James Krüss

Komble und seine beiden Schäfchen

Es war einmal, es war keinmal, da lebte in einem kleinen Häuschen am Wald ein Mann, der hieß Komble. Er hieß so, weil er immer Keulen machte, und in seinem Land nennt man die Keulen Komble. Die Keulen legte er auf seinen Dachboden, denn einmal werde er sie schon noch nötig brauchen können, so dachte er.

Komble hatte zwei Schäfchen, die schickte er jeden Morgen in den Wald auf die Weide, damit sie sich dort am frischen Gras satt fraßen. Am Abend kamen sie dann von selbst nach Hause zurück.

Eines Tages gingen die Schäfchen wie immer auf ihre Weide; auf dem Wege trafen sie einen Fuchs. Der schaute sie begierig an und fragte:

«Ei, ei, ihr Schäfchen, so allein auf der Weide?
Wo ist euer Hirte, zu wem gehört ihr beide?»

«Bäh!», sagten die Schäfchen. «Wir gehören zu Komble.»
«Was für ein Mensch ist euer Komble?», fragte der Fuchs.

«Komble, der sitzt in seinem Haus,
schnitzt Keulen dort, tagein, tagaus.
Mit denen schlägt er kurz und klein
jeden, der frisst die Schäfchen sein.»

«Nein, nein, eine Keule, die tut weh,
ich fürchte mich vor eurem Komble!»,
sagte der Fuchs und lief davon.

Die Schäfchen gingen weiter und trafen einen Bären. Auch der schaute sie begierig an und fragte:

«Ei, ei, ihr Schäfchen, so allein auf der Weide?
Wo ist euer Hirte, zu wem gehört ihr beide?»

«Bäh!», sagten die Schäfchen. «Wir gehören zu Komble.»
«Was für ein Mensch ist euer Komble?», fragte der Bär.

«Komble, der sitzt in seinem Haus,
schnitzt Keulen dort, tagein, tagaus.
Mit denen schlägt er kurz und klein
jeden, der frisst die Schäfchen sein.»

«Nein, nein, eine Keule, die tut weh,
ich fürchte mich vor eurem Komble!»,
sagte der Bär und trottete davon.

Die Schäfchen gingen eine Weile und trafen den Wolf. Der leckte sich begierig die Lippen und fragte:

«Ei, ei, ihr Schäfchen, so allein auf der Weide?
Wo ist euer Hirte, zu wem gehört ihr beide?»

«Bäh!», sagten die Schäfchen. «Wir gehören zu Komble.»
«Was für ein Mensch ist euer Komble?», fragte der Wolf.

«Komble, der sitzt in seinem Haus,
schnitzt Keulen dort, tagein, tagaus.
Mit denen schlägt er kurz und klein
jeden, der frisst die Schäfchen sein.»

«Ich habe keine Angst vor eurem Komble!», sagte der Wolf, stürzte sich auf die beiden Schäfchen und schluckte sie vor lauter Gier lebendig hinunter. Am Abend wartete Komble auf seine beiden Schäfchen. Als sie nicht kamen, nahm er eine große Keule vom Dachboden, legte sie auf seine Schultern und machte sich auf den Weg in den Wald.

Er ging und ging und traf endlich den Fuchs.

«Fuchs, hast du vielleicht meine beiden Schäfchen gesehen?»

«Nein, ich schwöre bei meiner Sonne, ich habe sie nicht gesehen!», sagte der Fuchs und schielte ängstlich auf die große Keule.

«Zeig mir deine Zähne, ich will sehen, ob du sie auch wirklich nicht gefressen hast!»

Der Fuchs zeigte seine Zähne. Sie waren ganz sauber, und es hingen keine Fellstückchen daran.

Komble ging weiter und traf den Bären.

«Bär, hast du vielleicht meine beiden Schäfchen gesehen?»

«Nein, ich schwöre bei meiner Sonne, ich habe sie nicht gesehen!», brummte der Bär.

«Zeig mir deine Zähne, ich will sehen, ob du sie auch wirklich nicht gefressen hast!»

Der Bär zeigte seine Zähne, und sie waren ganz sauber.

Komble ging weiter und traf den Wolf.

«Wolf, hast du vielleicht meine beiden Schäfchen gesehen?»

«Nein, ich schwöre bei meiner Sonne, ich habe sie nicht gesehen!», log der Wolf und wollte eilig fortlaufen. Doch Komble sagte:

«Erst zeig mir deine Zähne her, dann seh ich schon, ob du sie wirklich nicht gefressen hast!»

Der Wolf öffnete sein großes Maul, und Komble sah, dass Fellstückchen zwischen seinen Zähnen hingen. Da nahm Komble seine große Keule und erschlug damit den bösen Wolf. Komble nahm das Messer und schnitt dem Wolf den Bauch auf. Da kamen seine beiden Schäfchen ganz lebendig herausgesprungen, und alle drei gingen fröhlich zusammen nach Hause.

Heile, heile Segen

Heile, heile Segen,
sieben Tage Regen,
sieben Tage Schnee,
Tut's schon nicht mehr weh.

Heile, heile Kätzchen,
das Kätzchen hat vier Tätzchen,
das Kätzchen hat 'nen langen Schwanz,
Bald ist alles wieder ganz.

Volksgut

Koseverschen

Kinnewippchen
schöne Lippchen
Näschen fein
zwei Äugelein
zwei Ohren zum Hören
und Härchen zum Zieh'n.

Volksgut

Der Heilestern

Steh, Sternlein, steh!
Dem Kinde tut was weh!
Nimm das Weh in deine Hand.
Trag es über Meer und Land,
trag es über Tag und Nacht,
dass das Kindlein wieder lacht.

Der Heilestern bleibt stehen,
er höret auf zu drehen.
Er nimmt das Weh in seine Hand,
er trägt es über Meer und Land,
er trägt es über Tag und Nacht,
damit der *** wieder lacht.

Alfred Baur (gekürzt)

Koseverschen

Mizemuzekätzchen,
sammetsanfte Tätzchen,
seidenweiches Fellchen –
Kritzekratzekrällchen!

Marianne Garff

Verschwunden

Es war einmal ein Zuckerstück,
ein Brocken, weiß wie Schnee.
Der fiel in den berühmten See
mit Namen Lindenblütentee.

Er kam nicht mehr heraus, o je,
und ist auch nicht mehr drinnen.
Der Löffel sucht und sucht herum
voll Schrecken und Verwunderung.

Josef Guggenmos

Spruch

Beim Essen
So sagt's Männlein im Wald:
«Blas, dann wird's kalt.»

Volksgut

Schnabelwetzer

Meister Müller, mahle mir nur munter mein Mehl.
Morgen muss meine Mutter mir mein Milchmus machen.

Volksgut

Wie das Mäuslein und die Mettwurst zusammen lebten

Mäuslein und Mettwurst lebten zusammen in einem kleinen Häuschen und waren gute Freunde.
Eines Sonntags ging das Mäuslein in die Kirche, und die Mettwurst dachte: «Wenn das Mäuslein nach Hause kommt, dann ist es ganz durchgefroren. Ich will ihm eine schöne heiße Kohlsuppe kochen.» Und das tat sie dann auch.

> Sie holte einen Kohlkopf von draußen herein,
> schnitt und hobelte ihn klein.
> Setzte den Topf auf den Herd sodann,
> und tat auch Salz und Kümmel daran.

Als das Mäuslein aus der Kirche kam, setzten sich beide zu Tisch und aßen. «Ach, wie gut schmeckt diese herrliche Kohlsuppe!», rief das Mäuslein aus.
«Das will ich wohl meinen», sagte die Mettwurst, «ich habe mich auch extra dreimal in ihr herumgewälzt, um ihr Geschmack zu geben.»
«Das muss ich mir merken», dachte das Mäuslein. «Wenn eine Kohlsuppe so richtig gut schmecken soll, muss die Köchin sich dreimal in ihr herumwälzen!»
Am nächsten Sonntag ging die Mettwurst zur Kirche, und das Mäuslein sollte das Mittagessen kochen.

> Es holte einen Kohlkopf von draußen herein,
> schnitt und hobelte ihn klein.
> Setzte den Topf auf den Herd sodann,
> und tat auch Salz und Kümmel daran.

Als die Suppe so richtig am Kochen war, sprang das Mäuslein in den Topf hinein, um sich darin zu wälzen. Aber o weh! Die Suppe war heiß, der Topfrand zu hoch, und das Mäuslein konnte nicht wieder herausklettern.
Bald kam die Mettwurst aus der Kirche zurück, aber das Mäuslein war nicht

da. Lange suchte die Mettwurst nach ihm, dann dachte sie: «Es ist wohl ein wenig zu den Nachbarn gegangen. Ich will mir schon mal einen Teller Suppe auffüllen.» Sie nahm die Kelle zur Hand und wollte damit schöpfen. Sogleich holte sie damit den Körper des Mäusleins aus der Suppe heraus. Aber wie sah das aus? Ganz schlaff und wie leblos lag es in der Kelle.

Da erschrak die Mettwurst, fing an zu weinen und rief viele Male: «Das Mäuslein hat sich in der Suppe ertränkt! Das Mäuslein hat sich in der Suppe ertränkt!»

Da kam der Hund angerannt und fragte: «Was fehlt dir, dass du so fürchterlich schreist?»

«Das Mäuslein hat sich in der Suppe ertränkt!», sagte die Mettwurst.

«Dann will ich dir schreien helfen», sagte der Hund und schrie:

«Wau, wau, wau!»

Da kam die Kuh dazu und fragte: «Was macht ihr hier so einen Lärm?»

«Oh», sagte die Mettwurst, «das Mäuslein hat sich in der Suppe ertränkt!»

«Dann will ich euch brüllen helfen», sagte die Kuh und brüllte:

«Muh, muh, muh!»

Da kam der Hahn dazu und rief: «Kikeriki! kikeriki!»

Und die Ente quakte: «Waak, waak, waak!»

Das Schwein grunzte: «Morx, morx, morx!»
Die Gans schnatterte ganz aufgeregt: «Schnatteradat, schnatteradat!»
Auch das Schaf kam herbei und blökte: «Mäh, mäh, mäh!»
Zuletzt kam die Katze angeschlichen und sagte: «Miau, miau!»
Als aber das Miauen anfing, erschrak das Mäuslein so sehr, dass es wieder ganz kräftig wurde. Es sprang von der Suppenkelle herunter und witschte hast-du-nicht-gesehen in sein Mauseloch hinein.
Da gingen alle anderen Tiere wieder nach Hause, und das Mäuslein und die Mettwurst lebten wie ehedem friedlich zusammen. Aber niemals mehr hat das Mäuslein eine Kohlsuppe gekocht, das musste immer die Mettwurst machen.

Nächtliches Vergnügen

Leise
trippeln aus der Mauer die Mäuse,
in der Nacht,
die mausgrauen,
um in die Werkstatt zu schauen:
Ei wie nett,
der Meister ist fort und längst zu Bett!

Aber neben der Hobelbank liegen
die Hobelspäne,
die sich zu langen papierenen Schlangen biegen.
Da drin kann man wuseln,
und wenn das so raschelt,
und wenn das so rauschelt,
sich lustig gruseln.

Da spielen die Mäuse Verstecken und Fangen.
Sie bauen sich Gänge in den Berg,
und viel zu schnell ist die Nacht vergangen.

Doch steckt dann der Meister den Schlüssel ins Loch,
wo sind dann die mausgrauen Mäuslein noch?
Tief in der Mauer im Mäusenest
wispern sie: «War das heut ein Fest!»

Josef Guggenmos

Das Spätzlein

Hoch unter dem Dach eines Bauernhauses hatte ein Spätzlein sein Nest. Einmal, während es schlief, hatte es einen wunderschönen Traum: Es sah viele, viele Vögel mit leuchtendem Gefieder, das in allen Farben schillerte. Die Federn schimmerten bald grün, bald rot, bald blau; die Schnäbel der schönen Vögel glänzten wie lauteres Gold, und ihre Augen funkelten wie Edelsteine.
In seinem Traum machte sich das Spätzlein in seinem Nest ganz klein und seufzte traurig:

> «Wie hässlich bin ich, wie grau meine Federlein!
> Ach, wär' ich so leuchtend bunt wie ein Edelstein,
> wie könnt' ich zufrieden und glücklich sein!»

Da plötzlich spürte das träumende Spätzlein, wie ihm bunte Federn wuchsen, die in der Sonne glänzten und in allen Farben leuchteten. Voller Freude hüpfte es auf den Hof, plusterte sich auf und zeigte sich stolz wie ein Gockelhahn. Doch wehe! Eine böse Schlange wurde durch das stolzierende Spätzlein angelockt, sie schlich sich heran, um es sogleich zu verschlingen. Ängstlich flatterte es rasch auf einen Baum. Doch da nahte schon eine andere Gefahr! Ein Adler hatte das edelsteinbunte Vögelchen erspäht, stürzte sich vom Himmel herab und wollte gerade nach ihm greifen. Erschrocken rief das Spätzlein aus:

> «Wie dumm war ich, nach Schönheit zu streben,
> nur grau und unscheinbar kann ich in Ruhe leben!»

Da erwachte das Spätzlein aus seinem Traum. Es saß wieder in seinem Nest und blickte glücklich auf sein graues Federkleid. Es hüpfte auf den Hof, badete in einer Pfütze, balgte sich mit anderen Spätzlein um ein paar Krumen Brot und tschilpte vergnügt:

> «Tschip, tschirik! Tschip, tschirik!
> Wie froh bin ich! Wie froh bin ich!»

Der feurige Schafbock

In uralten Zeiten lebten auf der Erde ein feuriger Schafbock und seine Mutter mitten unter den Menschen. Aber weil der Schafbock so viel Unheil anrichtete, wies der König ihm und seiner Mutter ein Haus zu, das weit von den Wohnungen aller anderen entfernt lag.

Denn immer wenn der Schafbock sich geärgert hatte oder wenn er übermütig wurde, tobte er ganz wild herum, verbrannte Häuser, knickte Bäume um, richtete Schaden auf den Feldern an und tötete auch manchmal Menschen. Jedes Mal, wenn er so etwas getan hatte, rief ihm seine Mutter, das alte Mutterschaf, mit sehr lauter, grollender Stimme zu, er solle endlich aufhören und nicht noch mehr Schaden anrichten, und seine uralte Großmutter goss Wasser hinter ihm her und löschte damit so manche Flammen wieder aus.

Der Feuerjunge kümmerte sich aber nie um das, was seine Mutter zu ihm sagte. Mit seinen Hufen schleuderte er Flammen herum, und wenn er sich schüttelte, sprühten die Funken nur so aus seinem Fell. Dazu sang er vergnügt:

«Zick, zack, zick!
Holz zerknick!
Fels zerspring!
Flamme zischt
und erhellt
alle Welt!»

Wenn er in der Stimmung war, richtete er so großen Schaden an, dass es die Menschen am Ende nicht mehr aushielten und sich beim König beschwerten. Der König befahl, dass die beiden die Gegend der Menschen verlassen und in weiter Entfernung von ihnen leben sollten. Aber auch das half nicht viel, denn wurde der Schafbock ärgerlich, brannte er ganze Wälder nieder und wütete so sehr, dass die Flammen stets auch den Weg zu den Menschen und ihren Feldern fanden und sie verzehrten. Dabei hörten sie sein übermütiges Lied:

> «Zick, zack, zick!
> Holz zerknick!
> Fels zerspring!
> Flamme zischt
> und erhellt
> alle Welt!»

Da beklagten sich die Menschen wieder, und der König verbannte den feurigen Schafbock und seine Mutter nun von der Erde und schickte sie in den Himmel, damit sie nicht so viel Unheil anrichten konnten.

Dabei gab er ihnen auch ihre Namen: den feurigen Schafbock nannte er «Blitz», und die grollende, schimpfende Mutter bekam den Namen «Donner».

Aber auch vom Himmel aus richtet der Blitz, wenn er es will, großen Schaden an, und man kann seine Mutter grollen und schimpfen hören, dass er den Unfug lassen soll. Doch er singt unbekümmert sein Lied:

> «Zick, zack, zick!
> Holz zerknick!
> Fels zerspring!
> Flamme zischt
> und erhellt
> alle Welt!»

Manchmal, wenn sich die Mutter ein Stückchen von ihrem ungezogenen Sohn entfernt hat, kann man noch sehen, wie er seine Feuerblitze herumschleudert, aber die Stimme der Mutter hört man dann nur noch aus weiter, weiter Ferne. Und immer wieder versucht die alte Großmutter, die Wolke, den angerichteten Schaden mit lindem Regen ein wenig wiedergutzumachen.

Gewitter

Wetterwolke, wachse mächtig,
Wirbelwinde wehet rasch,
dröhne nur von droben, Donner.
Komm im Zickzack, zünde, Blitz!
Regen rinne rauschend nieder,
träufelt, Tropfen, tief ins Gras.

Hedwig Diestel

Schnabelwetzer

Sausende Segel
im Winde sich wiegen,
sausende Segel
auf silbernem See.

Margrit Lobeck

Am Waldweiher

Komm mit mir, komm,
im Waldtal liegt,
von Schilf umsäumt,
ein Weiher.

Enten schwimmen,
Libellen fliegen,
auf Bäumen
stehen Reiher.

Sie stehen im Wipfel
Und denken sich was.
Was sie denken,
Gott weiß es.

Die Schilfblätter,
die der Wind bewegt,
erzählen sich etwas
Leises.

Josef Guggenmos

Das kleine Halbküken Zizila

Es war einmal, es war keinmal, da scharrte das kleine Halbküken Zizila in der Asche und fand ein Hirsekorn. Es nahm es mit sich auf den Acker, grub dort die Erde um und steckte das Körnlein hinein. Nach einer Weile entstand ein ganzes Feld, so schön, dass Gottes Auge mit Freuden darüber hin und her wanderte. Als aber das Korn reif war, kam eines Tages die Kuhherde des Gutsherrn, zertrampelte alles kreuz und quer und fraß auch davon.

Als das kleine Zizila sah, wie sein ganzes Feld verwüstet war, entflammte sein Herz vor Empörung und es machte sich auf den Weg zum Haus des Gutsherrn, damit ihm dieser seinen Schaden ersetzen sollte.

Auf seinem Wege traf es den Fuchs, der verwundert fragte:

«Kleines halbes Küken, was hast du im Sinn,
wo läufst du denn so zornmütig hin?»

«Das will ich dir sagen», rief das Zizila, «höre mich an:

Beim Scharren fand ich ein Körnlein klein,
legte es in die Erde hinein.
Ein schönes Feld entstand daraus.
Doch nun ist plötzlich alles aus!
Die Herde des Gutsherrn hat mein Korn zerstört,
deswegen bin ich so empört.
Nun soll mir der Herr den Schaden bezahlen!»

Listig sagte der Fuchs:

«Höre du mich einmal an und bedenke dann:
ich werde dich jetzt auf der Stelle fressen,
dann ist im Nu all dein Kummer vergessen!»

Nun wurde das kleine Zizila erst recht zornig und rief:
«Da wollen wir erst einmal sehen, wer von uns beiden den anderen frisst!»
Es öffnete seinen Schnabel ganz, ganz weit, schluckte den Fuchs lebendig

hinunter und stürmte weiter.
Auf seinem Wege traf es einen Wolf, der verwundert fragte:

> «Kleines halbes Küken, was hast du im Sinn,
> wo läufst du denn so zornmütig hin?»

«Das will ich dir sagen», rief das Zizila, «höre mich an:

> Beim Scharren fand ich ein Körnlein klein,
> legte es in die Erde hinein.
> Ein schönes Feld entstand daraus.
> Doch nun ist plötzlich alles aus!
> Die Herde des Gutsherrn hat mein Korn zerstört,
> deswegen bin ich so empört.
> Nun soll mir der Herr den Schaden bezahlen!»

Doch auch der Wolf sprach:

> «Höre du mich einmal an und bedenke dann:
> ich werde dich jetzt auf der Stelle fressen,
> dann ist im Nu all dein Kummer vergessen!»

Nun wurde das kleine Zizila erst recht zornig und rief:
«Da wollen wir erst einmal sehen, wer von uns beiden den anderen frisst!»

Es öffnete seinen Schnabel ganz, ganz weit, schluckte den Wolf lebendig hinunter und stürmte weiter.

Auf seinem weiteren Wege traf es einen Bären, der verwundert fragte:

> «Kleines halbes Küken, was hast du im Sinn,
> wo läufst du denn so zornmütig hin?»

«Das will ich dir sagen», rief das Zizila, «höre mich an:

> Beim Scharren fand ich ein Körnlein klein,
> legte es in die Erde hinein.
> Ein schönes Feld entstand daraus.
> Doch nun ist alles plötzlich aus!
> Die Herde des Gutsherrn hat mein Korn zerstört,
> deswegen bin ich so empört.
> Nun soll mir der Herr den Schaden bezahlen!»

Listig brummte der Bär:

> «Höre du mich einmal an und bedenke dann:
> ich werde dich jetzt auf der Stelle fressen,
> dann ist im Nu all dein Kummer vergessen!»

Das kleine Zizila glühte vor Zorn und rief:
«Da wollen wir erst einmal sehen, wer von uns beiden den anderen frisst!»
Es öffnete seinen Schnabel ganz, ganz weit, schluckte den großen Bären lebendig hinunter und stürmte weiter.

Plötzlich stand es vor einem See, der ihm den Weg versperrte, und sprach zu diesem:

> «Du See ohne Brücke, ohne Steg,

> schaffe mir schleunigst einen Weg!
> Trockne aus im Handumdrehen,
> Dann kann ich ans andere Ufer gehen!»

Da lachte der ganze See und erwiderte: «Für dich, du armseliges kleines halbes Küken, gerade für dich soll ich mich austrocknen? Ha! Ha!»
Da packte das Zizila ein solcher Zorn, dass es den ganzen See mit einem einzigen Schluck hinunterschluckte.
Nun gelangte es zu dem Hof des Gutsherrn und ließ diesem durch einen Diener sagen:

> «Herr, ersetzest du mir nicht den Schaden,
> den deine Herden angerichtet haben
> an meinem Korn und an meinem Feld,
> lasse ich schwarze Tage kommen auf deine Welt!»

Der Gutsherr saß auf seinem Sofa und lachte, dass ein winziges halbes Küken ihm drohen wollte, und befahl seinen Dienern:

> «Sperrt das kleine Ding zu den Hühnern im Stall,
> dort wird man es rupfen und fleddern zumal!»

Die Diener griffen das kleine Zizila und sperrten es in den Hühnerstall. Im selben Augenblick ließ es dort den Fuchs aus seinem Bauch heraus. Der biss im Nu alle Hühner tot und rannte davon.
Nun sperrte man das kleine Halbküken zu den Schafen in den Stall. Aber denen ging es nicht besser als den Hühnern, denn das Zizila ließ den Wolf heraus und freute sich, wie er unter den Schafen wütete, bevor auch er davonlief.
Was sollte man tun? Man packte das kleine Halbküken und warf es zu den Kühen in den Stall, die großen Tiere würden es schon zertrampeln! Aber keiner wusste, dass das Zizila den Bären in seinem Bauch hatte. Als es den herausließ, machte er die Kühe alle nieder, dann rannte er zurück in den Wald.
Das war nun wahrlich ein schwarzer Tag im Leben des Gutsherrn. Aufgeregt lief er herum und rang die Hände – keines seiner Tiere war am Leben geblieben! Er ließ mitten auf seinem Hof ein großes Feuer entfachen.

Da hinein sollte das kleine Halbküken geworfen werden und lichterloh verbrennen.

Doch als das kleine Zizila in hohem Bogen durch die Luft flog, ließ es den ganzen See aus seinem Bauch heraus. Und der ertränkte alles – den Gutshof und den Herrn und alle Leute auf dem Hof.

Das kleine Zizila aber flatterte bis auf die trockene Erde und wanderte getrost nach Hause zurück. Dort scharrte es wie einstmals wieder in der Asche. Vielleicht findet es noch ein Körnlein klein? Das aber weiß nur Gott allein.

Fingerspiel

Der fand ein Körnlein klein,
der säte es in die Erde ein.
Der schnitt die Garben und drosch sie aus,
der trug den Kornsack zur Mühle hinaus,
und der buk aus dem Mehl ein Brot so fein,
das schmeckt allen Leuten, groß und klein.

Volksgut

Das Eselein

Es lebten einmal ein König und eine Königin, die waren reich und hatten alles, was sie sich wünschten, nur keine Kinder. Darüber klagte sie Tag und Nacht und sprach: «Ich bin wie ein Acker, auf dem nichts wächst.»
Endlich erfüllte Gott ihre Wünsche: als das Kind aber zur Welt kam, sah's nicht aus wie ein Menschenkind, sondern war ein junges Eselein. Wie die Mutter das erblickte, fing ihr Jammer und Geschrei erst recht an, sie hätte lieber gar kein Kind gehabt als einen Esel, und sagte, man sollt ihn ins Wasser werfen, damit ihn die Fische fräßen. Der König aber sprach: «Nein, hat Gott ihn gegeben, soll er auch mein Sohn und Erbe sein, nach meinem Tod auf dem königlichen Thron sitzen und die königliche Krone tragen.»
Also ward das Eselein aufgezogen, nahm zu, und die Ohren wuchsen ihm auch fein hoch und grad hinauf. Es war aber sonst fröhlicher Art, sprang herum, spielte und hatte besonders seine Lust an der Musik, sodass es zu einem berühmten Spielmann ging und sprach: «Lehre mich deine Kunst, dass ich so gut die Laute schlagen kann als du.» «Ach, liebes Herrlein», antwortete der Spielmann, «das sollt Euch schwerfallen, Eure Finger sind nicht allerdings dazu gemacht und gar zu groß; ich sorge, die Saiten halten's nicht aus.»
Es half keine Ausrede, das Eselein wollte und musste die Laute schlagen, war beharrlich und fleißig und lernte es am Ende so gut als sein Meister selber.

Einmal ging das junge Herrlein nachdenksam spazieren und kam an einen Brunnen, da schaute es hinein und sah im spiegelhellen Wasser seine Eseleinsgestalt. Darüber ward es so betrübt, dass es in die weite Welt ging und nur einen treuen Gesellen mitnahm.
Sie zogen auf und ab, zuletzt kamen sie in ein Reich, wo ein alter König herrschte, der nur eine einzige, aber wunderschöne Tochter hatte. Das Eselein sagte: «Hier wollen wir weilen», klopfte ans Tor und rief: «es ist ein Gast hier außen, macht auf, damit er eingehen kann.» Als aber nicht aufgetan ward, setzte er sich hin, nahm seine Laute und schlug sie mit sei-

nen zwei Vorderfüßen aufs Lieblichste. Da sperrte der Türhüter gewaltig die Augen auf, lief zum König und sprach: «Da draußen sitzt ein junges Eselein vor dem Tor, das schlägt die Laute so gut als ein gelernter Meister.» «So lass mir den Musikant hereinkommen», sprach der König. Wie aber ein Eselein hereintrat, fing alles an, über den Lautenschläger zu lachen.

Nun sollte das Eselein unten zu den Knechten gesetzt und gespeist werden, es ward aber unwillig und sprach: «Ich bin kein gemeines Stalleselein, ich bin ein vornehmes.» Da sagten sie: «Wenn du das bist, so setze dich zu dem Kriegsvolk.» «Nein», sprach es, «ich will beim König sitzen.» Der König lachte und sprach in gutem Mut: «Ja, es soll so sein, wie du verlangst, Eselein, komm her zu mir.» Danach fragte er: «Eselein, wie gefällt dir meine Tochter?» Das Eselein drehte den Kopf nach ihr, schaute sie an, nickte und sprach: «Aus der Maßen wohl, sie ist so schön, wie ich noch keine gesehen habe.» «Nun, so sollst du auch neben ihr sitzen», sagte der König. «Das ist mir eben recht», sprach das Eselein und setzte sich an ihre Seite, aß und trank und wusste sich fein und säuberlich zu betragen.

Als das edle Tierlein eine gute Zeit an des Königs Hof geblieben war, dachte es, «was hilft das alles, du musst wieder heim», ließ den Kopf traurig hängen, trat vor den König und verlangte seinen Abschied. Der König hatte es aber lieb gewonnen und sprach: «Eselein, was ist dir? Du schaust ja sauer wie ein Essigkrug, bleib bei mir, ich will dir geben, was du verlangst. Willst du Gold?» «Nein», sagte das Eselein und schüttelte mit dem Kopf. «Willst du Kostbarkeiten und Schmuck?» «Nein.» «Willst du mein halbes Reich?» «Ach nein.» Da sprach der König: «Wenn ich nur wüsste, was dich vergnügt machen könnte, willst du meine schöne Tochter zur Frau?» «Ach ja», sagte das Eselein, «die möchte ich wohl haben», war auf einmal ganz lustig und guter Dinge, denn das war's gerade, was es sich gewünscht hatte.

Also ward eine große und prächtige Hochzeit gefeiert. Abends, wie Braut und Bräutigam in ihr Schlafkämmerlein geführt wurden, wollte der König wissen, ob sich das Eselein auch fein artig und manierlich betrüge, und hieß einen Diener sich dort verstecken. Wie sie nun beide drinnen waren, schob der Bräutigam den Riegel vor die Türe, blickte sich um, und wie er glaubte, dass sie ganz allein wären, da warf er auf einmal seine Eselshaut ab und stand da als ein schöner königlicher Jüngling. «Nun siehst du», sprach er, «wer ich bin, und siehst auch, dass ich deiner nicht unwert war.» Da ward die Braut froh, küsste ihn und hatte ihn von Herzen lieb. Als aber der Morgen herankam, sprang er auf, zog seine Tierhaut wieder über, und es hätte kein Mensch gedacht, was für einer dahintersteckte. Bald kam auch der alte König gegangen. «Ei», rief er, «ist das Eselein schon munter! Du bist wohl recht traurig, dass du keinen ordentlichen Menschen zum Mann bekommen hast?», sagte er zu seiner Tochter. «Ach nein, lieber Vater, ich habe ihn so lieb, als wenn er der allerschönste wäre, und will ihn mein Lebtag behalten.»

Der König wunderte sich, aber der Diener, der sich versteckt hatte, kam und offenbarte ihm alles. Der König sprach: «Das ist nimmermehr wahr.» «So wacht selber die folgende Nacht, Ihr werdet's mit eigenen Augen sehen, und wisst Ihr was, Herr König, nehmt ihm die Haut weg und werft sie ins Feuer, so muss er sich wohl in seiner rechten Gestalt zeigen.» «Dein Rat ist gut», sprach der König, und abends, als sie schliefen, schlich er sich hinein, und wie er zum Bett kam, sah er im Mondschein einen stolzen Jüngling da ruhen, und die Haut lag abgestreift auf der Erde. Da nahm er sie weg und ließ draußen ein gewaltiges Feuer anmachen und die Haut hineinwerfen, und blieb selber dabei, bis sie ganz zu Asche verbrannt war. Weil er aber sehen wollte, wie sich der Beraubte anstellen würde, blieb er die Nacht über wach und lauschte.

Als der Jüngling ausgeschlafen hatte, beim ersten Morgenschein, stand er auf und wollte die Eselshaut anziehen, aber sie war nicht zu finden. Da erschrak er und sprach voll Trauer und Angst «nun muss ich sehen, dass ich entfliehe.» Wie er hinaus trat, stand aber der König da und sprach: «Mein Sohn, wohin

so eilig, was hast du im Sinn? Bleib hier, du bist ein so schöner Mann, du sollst nicht wieder von mir. Ich gebe dir jetzt mein Reich halb, und nach meinem Tode bekommst du es ganz.» «So wünsche ich, dass der gute Anfang auch ein gutes Ende nehme», sprach der Jüngling, «ich bleibe bei Euch.»
Da gab ihm der alte König das halbe Reich, und als er nach einem Jahr starb, hatte er das ganze, und nach dem Tode seines Vaters noch eins dazu, und lebte in aller Herrlichkeit.

Fingerspiel

Der ist in den Brunnen gefallen,
der hat ihn herausgezogen,
der hat ihn heimgetragen
der hat ihn ins Bett gelegt,
und das kleine, kleine Männlein
hat es der Mutter gesagt.
Und die hat ihm ein gutes Süpplein gebracht.

Volksgut

Der rollende Pfannkuchen

Großvater und Großmutter lebten allein in einem Häuschen am Wald. Eines Tages wollte Großmutter einen schönen Pfannkuchen backen. So kratzte sie ihr letztes Mehl zusammen, nahm ein Ei, Milch und Butter dazu und buk einen feinen goldgelben Pfannkuchen daraus. Großvater wollte ihn sofort essen, aber Großmutter stellte die Pfanne erst einmal zum Abkühlen vor das offene Fenster.

Als der Pfannkuchen merkte, dass gerade niemand in der Stube war, sprang er hast-du-nicht-gesehen aus der Pfanne hinunter auf die Wiese und rollte kantapper, kantapper in den Wald hinein.

Da stand plötzlich ein Häschen vor ihm auf dem Weg, das wollte ihn festhalten und rief:

> «Ei, du goldgelber Pfannekuchen,
> wo rollst du denn so eilig dahin?
> Steh still, ich will dich einmal versuchen,
> weil ich so hungrig bin!»

Doch der Pfannkuchen blieb nicht stehen, er rollte kantapper, kantapper weiter und sang dabei ein Liedchen:

> «Wie schön und lustig ist's in der Welt!
> Ich rolle dahin, wie es mir gefällt!
> Bin Großvater und Großmutter aus der Pfanne gesprungen,
> und auch dir, Häschen Wippsteert, entkomme ich leicht!
> Fang mich, wenn du kannst!»

Dabei rollte er so schnell kantapper, kantapper über Berg und Tal, dass das Häschen zurückbleiben musste.

Da stand plötzlich ein Wolf vor ihm auf dem Weg, der wollte ihn festhalten und rief:

«Ei, du goldgelber Pfannekuchen,
wo rollst du denn so eilig dahin?
Steh still, ich will dich einmal versuchen,
weil ich so hungrig bin!»

Doch der Pfannkuchen blieb nicht stehen, er rollte kantapper, kantapper weiter und sang dabei:

«Wie schön und lustig ist's in der Welt!
Ich rolle dahin, wie es mir gefällt!
Bin Großvater und Großmutter aus der Pfanne gesprungen,
dem Häschen Wippsteert bin ich entwischt, und auch dir,
Wolf Dicksteert, entkomme ich leicht!
Fang mich, wenn du kannst!»

Dabei rollte er kantapper, kantapper so geschwind dahin, dass der Wolf ihn bald nicht mehr sehen konnte.

Da stand plötzlich ein Bär vor ihm auf dem Weg, der wollte ihn festhalten und brummte:

«Ei, du goldgelber Pfannekuchen,
wo rollst du denn so eilig dahin?
Steh still, ich will dich einmal versuchen,
weil ich so hungrig bin!»

Doch der Pfannkuchen blieb nicht stehen, er rollte kantapper, kantapper weiter und sang dabei:

«Wie schön und lustig ist's in der Welt!
Ich rolle dahin, wie es mir gefällt!
Bin Großvater und Großmutter aus der Pfanne gesprungen,
dem Häschen Wippsteert
und dem Wolf Dicksteert bin ich entwischt,
und auch dir, Bär Stummelsteert,
entkomme ich leicht!
Fang mich, wenn du kannst!»

Und schon rollte er kantapper, kantapper so geschwind fort, dass auch der Bär das Nachsehen hatte. Nun ärgerte niemand mehr den Pfannkuchen, als er durch das Land rollte. Dabei hatte er so viel Freude an seinem kleinen Liedchen, dass er es immer wieder sang:

> «Wie schön und lustig ist's in der Welt!
> Ich rolle dahin, wie es mir gefällt!
> Bin Großvater und Großmutter aus der Pfanne gesprungen,
> dem Häschen Wippsteert,
> dem Wolf Dicksteert und
> dem Bär Stummelsteert bin ich entwischt,
> niemand auf Erden kann fangen mich!»

Da stand plötzlich das listige Füchslein am Wegesrand. Das sagte mit schmeichelnder Stimme:

> «Ei, goldgelber Pfannekuchen, wie singst du so schön!
> Doch kann ich die Worte nicht recht versteh'n.
> Komm einmal näher und sing mir dein Lied,
> dass ich mich recht daran vergnüg'!»

Der Pfannkuchen blieb stehen und sang dem Fuchs noch einmal sein Liedchen vor. Der Fuchs schmeichelte ihm wieder und sagte:

> «Ei, goldgelber Pfannekuchen,
> dein Lied kann mich so recht betören,
> nur möchte ich es noch besser hören.
> Komm näher, viel näher zu mir heran,
> dass ich auch alles verstehen kann!»

Ach, du dummer Pfannekuchen! Merkst du nicht die List des Füchsleins? Rolle fort, sonst frisst es dich!

Doch der Pfannkuchen dachte an keine Gefahr, er rückte noch näher an den Fuchs heran und sang voller Stolz noch einmal sein Liedchen:

«Wie schön und lustig ist's in der Welt!
Ich rolle dahin, wie es mir gefällt!
Bin Großvater und Großmutter aus der Pfanne gesprungen,
und auch dem Häschen Wippsteert,
dem Wolf Dicksteert und
dem Bär Stummelsteert entwischt ...»

Doch bevor er es noch ganz fertig gesungen hatte, machte der Fuchs «Happ!» und fraß den goldgelben Pfannkuchen auf.

(Ein anderes Ende der Geschichte steht in den Anmerkungen)

Schnabelwetzer

Knick und knack
Holz zerhack,
Knick und knack
in den Sack.

Hedwig Diestel

Die zwei Wurzeln

Zwei Tannenwurzeln groß und alt
unterhalten sich im Wald.

Was droben in den Wipfeln rauscht,
das wird hier unten ausgetauscht.

Ein altes Eichhorn sitzt dabei
und strickt wohl Strümpfe für die zwei.

Die eine sagt: knig. Die andre sagt: knag.
Das ist genug für einen Tag.

Christian Morgenstern

Der Bär und die Kinder des Zaunkönigs

Eines Tages flogen der Zaunkönig und seine Frau weg, um Futter für ihre Kinder zu holen. Währenddessen kam der Bär vor das Zaunkönigsnest und ließ seinen Spott an den Jungen aus, die darin hockten: «Was? Ihr wollt Königskinder sein in einem königlichen Schloss? Ach du liebe Zeit! Lasst euch ja nicht auslachen!»

Die Jungen schrien: «Das sagen wir unseren Eltern, die werden dir schon dein gottloses Maul stopfen!» Doch der Bär hielt sich den Bauch vor Lachen und stapfte davon.

Als die Zaunkönige nach Hause kamen, waren die Kleinen außer sich, schrien durcheinander und sagten, sie wollten kein Futter mehr annehmen, bevor der Bär nicht Abbitte getan hätte.

Sie gaben keine Ruhe, bis der Zaunkönigvater zum Bären ging und diesen aufforderte, sich bei seinen Kindern zu entschuldigen.

«Tust du das aber nicht», drohte der Zaunkönig, «dann wird hiermit der Krieg erklärt!»

Da lachte der Bär wieder und sagte: «Ich soll deinen Kindern Abbitte leisten? Das fällt mir gar nicht ein. Wie willst du Würmchen mir den Krieg erklären? Hast du denn auch Krieger?»

«Gewiss», antwortete der Zaunkönig stolz, «ich bin doch ein König!»

«Ein schöner König bist du!», spottete der Bär. «Ein König, der in den Büschen herumkriecht und keine Diener hat!»

Da flog der Zaunkönig voller Zorn zurück und erzählte Frau und Kindern, wie es ihm ergangen war und dass er dem Bären den Krieg erklärt hätte, damit waren alle einverstanden.

Nun ging das Rüsten auf beiden Seiten los. Der Zaunkönig bot alle fliegenden Tiere auf, von der Mücke bis zum großmächtigen Adler. Aber der Bär war auch nicht faul, er bot alle vierbeinigen Tiere auf, von der Maus bis zum Elefanten. War das ein Gewimmel auf der Erde! Und was für ein Geschwirr und Geflatter in der Luft! Alle Bienen, Hummeln, Vögel und alles, was fliegen kann, kam zusammen.

Im Wald war ein Krach und ein Lärm, dass einem Hören und Sehen vergehen konnte. Dort hatten sich alle vierbeinigen Tiere versammelt und hielten Rat, wie sie ihren Krieg am besten führen wollten. Zuletzt beschlossen sie: «Der Fuchs als der Listigste geht voran als Fahnenträger, und wir anderen folgen ihm nach.»

«Ja», sagte der Fuchs, «das will ich gerne tun. Ich kenne alle Schliche und Wege genau. Ich will meinen Schwanz als Fahne hochstrecken, das soll unser Zeichen sein. Wenn ich ihn aber sinken lasse – das wird natürlich nicht geschehen, denn wir siegen ja auf jeden Fall –, dann muss jeder so schnell laufen, wie er kann, denn dann ist alles verloren.»

Diesen Rat belauschte die kleine Biene, die sich hinter einem Blatt versteckt hatte. Eilig flog sie zum Zaunkönig zurück und brachte ihm die Nachricht, wie die Vierbeiner den Krieg führen wollten.

«Schön!», rief der aus, «dann machen wir uns bereit. Adler, du kannst doch hoch fliegen, steig auf, überschau alles und sag uns Bescheid, wenn sie kommen!»

Der Adler flog hoch, aber es dauerte nicht lange, da kam er zurück und rief:

«Jetzt kommen sie alle, alle an,
mit dem roten Fuchs vorne dran!»

«Dann lasst uns kämpfen!», sagte der Zaunkönig, rief eine dicke Hummel herbei und gab ihr den Befehl: «Stich den Fuchs mal gehörig unter den Schwanz, da wollen wir schon sehen, wie lange er seine Fahne hochhalten kann!»

Da brummte die Hummel fix ab und wutsch! kriegte der Fuchs einen derben Stich unter den Schwanz. Das tat ihm gehörig weh. Aber er biss die Zähne zusammen und reckte den Schwanz wieder ganz hoch. Doch das half nicht lange, denn nun kamen zwei große Hornissen an und versetzten ihm ein paar gehörige Stiche unter die Fahne. Das konnte er nicht mehr ertragen, ließ den Schwanz sinken, klemmte ihn zwischen die Beine und rief:

«Rette sich, wer sich retten kann!
Die Feinde haben uns überrannt!»

Und damit nahm er Reißaus so schnell er konnte, raste in den Wald und verschwand in seinem Bau.

Als das die anderen vierbeinigen Tiere sahen, klemmten sie alle ihren Schwanz zwischen die Beine und rannten, was das Zeug hielt. Denn nun kamen alle Bienen, Wespen und alles Getier, was nur stechen und beißen kann, über sie und stachen und zwickten sie bis aufs Blut. Zuletzt war kein einziger Vierbeiner mehr zu sehen.

Auch der Bär hatte sich vor Angst in seiner Höhle verkrochen. Aber es dauerte nicht lange, da kam der Zaunkönig an und rief:

«Zur Abbitte ist es nun höchste Zeit,
oder bist du noch immer nicht bereit?»

Der Bär wimmerte: «Ja, Herr König! Ich komme ja schon!» Er kroch auf allen vieren zum Zaunkönigsnest und tat Abbitte vor den Jungen. Und seit dieser Zeit wagte der Bär niemals mehr, die Zaunkönige zu verspotten.

Zwei Schnabelwetzer

Rollende Räder
am knarrenden Karren
rumpeln und rattern
bergauf und bergab.

Ernst Bühler

Flinke Forellen
schlüpfen und schnellen
froh in den hellen
Quellwasserwellen.

Marianne Garff

Die beiden Ziegenböcke auf dem Brückensteg

Früher lebten einmal zwei Ziegenböcke auf den saftigen Wiesen, die an einem Fluss lagen. Der eine Bock war weiß und hatte mächtige Hörner, der andere Bock hatte genauso spitze Hörner, aber sein zottiges Fell war ganz schwarz. Der weiße Ziegenbock lebte mit seiner Herde an dem einen Ufer des Flusses, der schwarze Bock hatte auch eine Ziegenherde, mit der lebte er in einem Tal auf der anderen Seite.

Über den Fluss hinüber führte ein schmaler Brückensteg ohne Geländer. Eines Tages bekam der weiße Ziegenbock Lust, doch einmal das Gras auf der anderen Seite des Flusses zu schmecken.

«Frisches Gras, Wurzeln und Kräuterlein,
dort drüben werden sie tausendmal besser sein.»

So dachte er und setzte seinen Fuß auf den Steg. Aber gerade hatte der schwarze Bock in seinem Tal das Gleiche gedacht und machte sich auf den Weg zu dem Brückensteg. Der war aber zu schmal für sie beide.

Als der weiße Bock sah, dass der andere ihm entgegenkam, wurde er mächtig wütend und rief:

«Ich war der Erste hier auf der Brück'!
Mach mir Platz, du! Geh sofort zurück!»

Doch der schwarze Bock hatte keine Angst vor ihm und rief:

«Ich war Erster an diesem Ort!
Lass mich durch! Weg mit dir! Geh nur fort!»

So standen die beiden Böcke kampfbereit einander gegenüber, und keiner wollte weichen. Zuerst senkte der schwarze Bock seine Hörner und wollte den anderen zurückschieben, doch der tat das Gleiche und schob und drückte, wie er nur konnte. Dabei beschimpften sie sich mit lauter Stimme, dass

die Ziegen auf beiden Seiten des Flusses beschämt die Köpfe senkten – so schlimme Worte hatten sie noch nie gehört.

Einmal war es dem schwarzen Bock fast gelungen, den weißen bis zum Anfang des Steges zu schieben, dann schob ihn dieser mit aller Kraft wieder weit zurück. So wogte der Kampf auf dem Brückensteg hin und her, und mehrere Male hing der eine und der andere gefährlich nah über dem Wasser.

«Das wollen wir sehen, wer hier der Stärkere ist!
Du zeigst doch nur, wie schwach du bist!»

rief der eine und rammte dem anderen seine Hörner in die Flanke. Und der, nicht faul, rief zurück:

«Schwach bist du selber, und feige dazu,
mach endlich Platz mir und gib Ruh'!»

und stieß den anderen auch mächtig mit seinen Hörnern, dazu brüllte er vor Zorn, dass es nur so hallte.

Lange tobten die streitsüchtigen Böcke hin und her und stampften so stark, dass der ganze Steg ins Wanken geriet. Und plötzlich, bums, perdautz! rutschten alle beide aus und flogen hinunter in den eiskalten Wasserstrudel.

Da kühlte sich aber ihr Zorn ganz schnell ab. Patschnass und ganz still geworden, kletterten sie wieder ans Ufer, und, wie es so kommt, jeder auf der anderen Seite. Sie schüttelten sich kräftig, kosteten dort ein wenig von dem Gras, dann aber lief jeder wieder auf seine Seite und passte auf, dass er ja nicht mehr dem anderen den Weg versperrte.

Abzählreim

Es geht ein Männchen über die Brück',
hat ein Säckchen auf dem Rück,
schlägt es gegen den Pfosten.
Pfosten kracht,
Männchen lacht:
Tipp, tipp, tapp,
du bist ab!

Volksgut

Quex und Quax, die beiden Frösche

Quex und Quax, die beiden Frösche,
hielten neulich große Wäsche,
schrubbten ihre grünen Fracks,
Quax den Quex und Quex den Quax.
Denn der König Quack, der Große,
in dem Schloss zur Wasserrose,
lud zum Mondscheinfeste ein.
Ja, da heißt es sauber sein!
Wie sie schrubbten, wie sie rieben,
was sie für Spektakel trieben,
bis sie ohne jeden Klecks
alle beide, Quax und Quex.

Annemarie Schwabe

Die Bienenkönigin

Zwei Königssöhne gingen einmal auf Abenteuer und gerieten in ein wildes, wüstes Leben, sodass sie gar nicht wieder nach Haus kamen. Der jüngste, welcher der Dummling hieß, machte sich auf und suchte seine Brüder: aber wie er sie endlich fand, verspotteten sie ihn, dass er mit seiner Einfalt sich durch die Welt schlagen wollte, und sie zwei könnten nicht durchkommen, und wären doch viel klüger.

Sie zogen alle drei miteinander fort und kamen an einen Ameisenhaufen. Die zwei ältesten wollten ihn aufwühlen und sehen, wie die kleinen Ameisen in der Angst herumkröchen und ihre Eier forttrügen, aber der Dummling sagte: «Lasst die Tiere in Frieden, ich leid's nicht, dass ihr sie stört.»

Da gingen sie weiter und kamen an einen See, auf dem schwammen viele viele Enten. Die zwei Brüder wollten ein paar fangen und braten, aber der Dummling ließ es nicht zu und sprach: «Lasst die Tiere in Frieden, ich leid's nicht, dass ihr sie tötet.»

Endlich kamen sie an ein Bienennest, darin war so viel Honig, dass er am Stamm herunterlief. Die zwei wollten Feuer unter den Baum legen und die Bienen ersticken, damit sie den Honig wegnehmen könnten. Der Dummling

hielt sie aber wieder ab und sprach: «Lasst die Tiere in Frieden, ich leid's nicht, dass ihr sie verbrennt.»

Endlich kamen die drei Brüder in ein Schloss, wo in den Ställen lauter steinerne Pferde standen, auch war kein Mensch zu sehen, und sie gingen durch alle Säle, bis sie vor eine Tür ganz am Ende kamen, davor hingen drei Schlösser; es war aber mitten in der Türe ein Lädlein, dadurch konnte man in die Stube sehen. Da sahen sie ein graues Männchen, das an einem Tisch saß. Sie riefen es an, einmal, zweimal, aber es hörte nicht: endlich riefen sie zum drittenmal, da stand es auf, öffnete die Schlösser und kam heraus. Es sprach aber kein Wort, sondern führte sie zu einem reich besetzten Tisch; und als sie gegessen und getrunken hatten, brachte es einen jeglichen in sein eigenes Schlafgemach.

Am andern Morgen kam das graue Männchen zu dem ältesten, winkte und leitete ihn zu einer steinernen Tafel, darauf standen drei Aufgaben geschrieben, wodurch das Schloss erlöst werden könnte. Die erste war, in dem Wald unter dem Moos lagen die Perlen der Königstochter, tausend an der Zahl, die mussten aufgesucht werden, und wenn vor Sonnenuntergang noch eine einzige fehlte, so ward der, welcher gesucht hatte, zu Stein.

Der älteste ging hin und suchte den ganzen Tag, als aber der Tag zu Ende war, hatte er erst hundert gefunden; es geschah, wie auf der Tafel stand, er ward in Stein verwandelt. Am folgenden Tag unternahm der zweite Bruder das Abenteuer; es ging ihm aber nicht besser als dem ältesten, er fand nicht mehr als zweihundert Perlen und ward zu Stein.

Endlich kam auch an den Dummling die Reihe, der suchte im Moos, es war aber so schwer, die Perlen zu finden, und ging so langsam. Da setzte er sich auf einen Stein und weinte. Und wie er so saß, kam der Ameisenkönig, dem er einmal das Leben erhalten hatte, mit fünftausend Ameisen, und es währte gar nicht lange, so hatten die kleinen Tiere die Perlen miteinander gefunden und auf einen Haufen getragen. Die zweite Aufgabe aber war, den Schlüssel zu der Schlafkammer der Königstochter aus der See zu holen. Wie der Dummling zur See kam, schwammen die Enten, die er einmal gerettet hatte, heran, tauchten unter und holten den Schlüssel aus der Tiefe.

Die dritte Aufgabe aber war die schwerste, aus den drei schlafenden Töchtern des Königs sollte die jüngste und liebste herausgesucht werden. Sie glichen sich aber vollkommen und waren durch nichts verschieden, als dass sie, bevor sie eingeschlafen waren, verschiedene Süßigkeiten gegessen hatten, die älteste ein Stück Zucker, die zweite ein wenig Sirup, die jüngste einen Löffel voll Honig. Da kam die Bienenkönigin von den Bienen, die der Dummling vor dem Feuer geschützt hatte, und versuchte den Mund von allen dreien, zuletzt blieb sie auf dem Mund sitzen, der Honig gegessen hatte, und so erkannte der Königssohn die rechte.

Da war der Zauber vorbei, alles war aus dem Schlaf erlöst, und wer von Stein war, erhielt seine menschliche Gestalt wieder. Und der Dummling vermählte sich mit der jüngsten und liebsten, und ward König nach ihres Vaters Tod; seine zwei Brüder aber erhielten die beiden andern Schwestern.

Elfenlied

Um Mitternacht, wenn die Menschen erst schlafen,
Dann scheinet uns der Mond,
Dann leuchtet uns der Stern,
Wir wandeln und singen
Und tanzen erst gern.

Um Mitternacht, wenn die Menschen erst schlafen,
Auf Wiesen, an den Erlen
Wir suchen unsern Raum
Und wandeln und singen
Und tanzen einen Traum.

Johann Wolfgang v. Goethe

Fingerhütchen

Liebe Kinder, wisst ihr, wo
Fingerhut zu Hause?
Tief im Tal von Acherloo
Hat er Herd und Klause;
Aber schon in jungen Tagen
Muss er einen Höcker tragen;
geht er, wunderlicher nie
Wallte man auf Erden!
Sitzt er, staunen Kinn und Knie,
Dass sie Nachbarn werden.

Körbe flicht aus Binsen er,
Früh und spät sich regend,
Trägt sie zum Verkauf umher
In der ganzen Gegend,
Und er gäbe sich zufrieden,
Wär er nicht im Volk gemieden;
Denn man zischelt mancherlei:
Dass ein Hexenmeister,
Dass er kräuterkundig sei
Und im Bund der Geister.

Solches ist die Wahrheit nicht,
Ist ein leeres Meinen,
Doch das Volk im Dämmerlicht
Schaudert vor dem Kleinen.
So die Jungen wie die Alten
Weichen aus dem Ungestalten –
Doch vorüber wohlgemut
Auf des Schusters Räppchen
Trabt er. Blauer Fingerhut
Nickt von seinem Käppchen.

Einmal geht er heim bei Nacht
Nach des Tages Lasten,
Hat den halben Weg gemacht,
Darf ein bisschen rasten,
Setzt sich und den Korb daneben,
Schimmernd hebt der Mond sich eben:
Fingerhut ist gar nicht bang,
Ihm ist gar nicht schaurig,
Nur dass noch der Weg so lang,
Macht den Kleinen traurig.

Etwas hört er klingen fein –
Nicht mit rechten Dingen,
Mitten aus dem grünen Rain
Ein melodisch Singen:
«Silberfähre, gleitest leise» –
Schon verstummt die kurze Weise.
Fingerhütchen spähet scharf
Und kann nichts entdecken,
Aber was er hören darf,
Ist nicht zum Erschrecken.

Wieder hebt das Liedchen an
Unter Busch und Hecken,
Doch es bleibt der Reimgespan
Stets im Hügel stecken.
«Silberfähre, gleitest leise» –
Wiederum verstummt die Weise.
Lieblich ist, doch einerlei
Der Gesang der Elfen.
Fingerhütchen fällt es bei,
Ihnen einzuhelfen.

Fingerhütchen lauert still
Auf der Töne Leiter,
Wie das Liedchen enden will,
Führt er leicht es weiter:
«Silberfähre, gleitest leise»
‹Ohne Ruder, ohne Gleise.›
Aus dem Hügel ruft's empor:
«Das ist dir gelungen!»
Unterm Boden kommt hervor
Kleines Volk gesprungen.

«Fingerhütchen, Fingerhut»,
Lärmt die tolle Runde,
«Fass dir einen frischen Mut!
Günstig ist die Stunde!
Silberfähre, gleitest leise
Ohne Ruder, ohne Gleise!
Dieses hast du brav gemacht,
Lernet es, ihr Sänger!
Wie du es zustand gebracht,
Hübscher ists und länger!

Zeig dich einmal, schöner Mann!
Lass dich einmal sehen:
Vorn zuerst und hinten dann!
Lass dich einmal drehen!
Weh! Was müssen wir erblicken!
Fingerhütchen, welch ein Rücken!
Auf der Schulter, liebe Zeit,
Trägst du grause Bürde!
Ohne hübsche Leiblichkeit
Was ist Geisteswürde?

Eine ganze Stirne voll
Glücklicher Gedanken,
Unter einem Höcker soll
Länger sie nicht schwanken!
Strecket euch, verkrümmte Glieder!
Garstger Buckel, purzle nieder!
Fingerhut, nun bist du grad,
Deines Fehls genesen!
Heil zum schlanken Rückengrat!
Heil zum neuen Wesen!»

Plötzlich steckt der Elfenchor
Wieder tief im Raine,
Aus dem Hügelrund empor
Tönts im Mondenscheine:
«Silberfähre, gleitest leise
Ohne Ruder, ohne Gleise!»
Fingerhütchen wird es satt,
Wäre gern daheime,
Er entschlummert lass und matt
an dem eignen Reime.

Schlummert eine ganze Nacht
Auf derselben Stelle;
Wie er endlich aufgewacht,
Scheint die Sonne helle:
Kühe weiden, Schafe grasen
Auf des Elfenhügels Rasen.
Fingerhut ist bald bekannt,
Lässt die Blicke schweifen,
Sachte dreht er dann die Hand,
Hinter sich zu greifen.

Ist ihm Heil im Traum geschehn?
Ist das Heil die Wahrheit?
Wird das Elfenwort bestehn
Vor des Tages Klarheit?
Und er tastet, tastet, tastet:
Unbebürdet! Unbelastet!
«Jetzt bin ich ein grader Mann!»
Jauchzt er ohne Ende,
Wie ein Hirschlein jagt er dann
Über Feld behende.

Fingerhut steht plötzlich still,
Tastet leicht und leise,
Ob er wieder wachsen will?
Nein, in keiner Weise!
Selig preist er Nacht und Stunde,
Da er sang im Geisterbunde –
Fingerhütchen wandelt schlank,
Gleich als hätt er Flügel,
Seit er schlummernd niedersank
Nachts am Elfenhügel.

Conrad Ferdinand Meyer

Sankt Michael

Werden die Tage kurz,
werden die Herzen hell.
Über dem Herbste strahlt
leuchtend Sankt Michael

Heinz Ritter

Herbstlied

Wenn die bunten Blättlein alle
tanzen nieder auf die Erde,
wenn mit lautem Glockenschalle
heimwärts ziehen Hirt und Herde,
da beginnt im Sternenkreise
der Sankt Niklaus seine Reise.

Frohe Botschaft will er künden
drunten auf der finstren Erde;
alle Menschen will er finden.
Dass es strahlend helle werde
tief in jedem Menschenherzen,
will entzünden er die Kerzen.

Auf der Erde, tief im Tann,
hört man Poltern, Schnaufen,
ei, so schaut doch einmal an,
wer kommt da gelaufen?
Der Knecht Ruprecht ist's, der Treue,
macht sich auf den Weg aufs Neue.

Sankt Nikolaus sucht er, seinen Herrn,
mit ihm den Weg zu gehen.
Der kommt herab von Stern zu Stern,
gar herrlich anzusehen.
Bald werden sie sich finden,
das Heil der Welt zu künden.

Johanna Ruß

Das Wichtelmännlein

Ich sitze, ich sitze,
Mit spitzer Zipfelmütze,
Auf einem Stein im Gras,
Und denke dies und das.
Ich klopfe, ich klopfe,
Ich klopfe da und dort ...
Doch wenn du nach mir guckst –
Bin ich fort!

Hedwig Diestel

Der Knabe und die Schlange

Es lebte einmal eine arme Frau zusammen mit ihrem Knaben, die suchte durch Spinnen so viel zu verdienen, dass sie beide davon leben konnten; das Garn, das sie zu Hause spann, trug der Knabe zum Verkauf. Einmal hatte er einen ganzen Groschen eingelöst und ging fröhlich nach Hause; da sah er, wie böse Buben eine junge Schlange quälten. Das dauerte ihn so sehr, dass er sagte: «Ihr Buben, was quält ihr das unschuldige Tier? Nehmt all mein Geld, nehmt diesen Groschen hier und gebt mir das bunte Schlänglein dafür!» Sie waren es zufrieden. Da nahm der Knabe das Schlänglein, trug es nach Hause und sprach: «Sieh, Mutter, was ich für den Erlös gekauft habe!» Die Mutter aber schüttelte den Kopf und sprach: «Du törichter Junge, wie hast du um das giftige Tier unser gutes Geld geben können!» «Lass es nur gut sein,» sagte er, «es wird es mir gewisslich einmal danken.»

Er pflegte das Tierlein nun sehr gut und gab ihm von allem, was er aß und trank. So wuchs es allmählich zu einer großen Schlange heran. Als sie ganz ausgewachsen war, sprach sie eines Tages zu dem Knaben: «Wisse, ich bin die einzige Tochter des großen Schlangenkönigs; setz dich nun auf meinen Rücken, ich will in meine Heimat ziehen und dich mitnehmen. Mein Vater wird dir's vergelten, was du an mir getan hast!»

Der Knabe setzte sich auf die Schlange, und in kurzer Zeit waren sie weit, weit weg in einem großen Wald. Da sprach die Schlange: «Steig hier auf den höchsten Baum!» Kaum war es geschehen, so pfiff sie dreimal so gewaltig, dass der scharfe Ton dem Knaben durch und durch ging. Auf einmal wimmelten und krümmelten von allen Seiten eine Menge Schlangen herzu und waren froh, dass die verlorene Königstochter wieder da war, und sie schmiegten sich an sie und neigten sich vor ihr.

Endlich kam auch ihr Vater, der Schlangenkönig. Er war größer als die anderen Schlangen und hatte eine Krone auf, daraus strahlte ein großer Karfunkelstein. Er freute sich sehr, als er seine Tochter sah; sie musste ihm ihr Schicksal erzählen, wie sie von bösen Knaben gefangen und gequält worden war und wie endlich ein mitleidiger Junge sie gekauft und dann gut gepflegt habe. Da fragte der König, wo der gute Junge zu finden sei, er möchte ihm gern die Wohltat vergelten. Sie sagte: «Wenn du mir versprichst, dass du ihm nichts Übles zufügen wirst und ihm das schenken willst, was er sich wünscht, so will ich ihn herbeiholen!» – «Ja, das soll geschehen!», sprach der Schlangenkönig. Da rief die Schlange den Knaben vom Baum herunter. Dieser kam voller Furcht, denn die Schlangen züngelten und zischten von allen Seiten nach ihm, aber sie durften ihm nichts tun.

«Nun», sprach der Schlangenkönig, «wünsch dir etwas, Junge, weil du so gut für meine Tochter gesorgt hast!» Diese hatte aber dem Knaben auf der Herreise gesagt, er solle nur das weiße Sonnenross ihres Vaters mit den acht Füßen verlangen und den Karfunkelstein aus der Krone. So tat er jetzt. Aber der Schlangenkönig wollte nicht und sprach: «Ich gebe dir jedes andere von meinen Pferden und große Schätze dazu, nur mein weißes Sonnenross und den Karfunkelstein kann ich dir nicht geben!» Doch der Knabe beharrte auf seinem Verlangen. Da wurde der Schlangenkönig zornig: «Lieber will ich dich gleich verschlingen, als dass ich dir mein kostbarstes Gut gebe!»

Und wie er's gesagt, war der Junge auch schon verschluckt in seinem Bauch. Nun aber fing die junge Königsschlange an zu jammern und zu klagen: «Weh mir, wäre ich doch nie mehr gekommen, um nicht zu sehen, wie undankbar mein Vater ist und wie er sein Wort nicht hält!» Als dies der Vater hörte und seine Tochter nicht trösten konnte, so spie er den Jungen gleich wieder aus. Aber nun sah der nicht mehr aus wie ein armer Junge, sondern er war groß und schön wie ein Königssohn.

Der Schlangenkönig brach den Karfunkelstein aus seiner Krone, gab ihn dem Knaben und sprach: «Du sollst auch mein Ross gleich haben!» und ließ das weiße Sonnenross herbeiführen, setzte den Jungen darauf und sprach: «Reite nun in die Welt, und wenn du etwas Schweres zu verrichten hast, sage es nur deinem Ross, das wird dir immer durchhelfen. Wenn es aber Nacht ist, so nimm nur den Karfunkel hervor und füge ihn dem Ross an die Stirn, so wirst du vor dir immer Tag haben!»

Der Junge dankte dem Schlangenkönig, ritt fort und bald war er aus dem Schlangenreich heraus, denn das Ross lief schneller als der Morgenwind und sprang immer von einer Bergspitze zur anderen. Er hatte aber immerfort Tag, denn wenn die Nacht herankam, nahm er den Karfunkelstein hervor, und der strahlte wie die Sonne.

Später erlebte er viele Abenteuer und zum Schluss eroberte er das Herz einer schönen Königstochter, wurde selbst ein König und lebte mit seiner Königin glücklich und in aller Herrlichkeit. Das aber konnte alles geschehen, weil er einstmals ein unschuldiges Tierlein vor dem sicheren Tode gerettet hatte.

Das Holzbüblein

Ein alter Mann und seine alte Frau lebten schon lange zusammen; ihr ganzes Leben hatten sie sich ein Kind gewünscht, aber nie war ihnen ihr Wunsch erfüllt worden.
Da schnitzten sie sich eines Tages ein Holzstückchen zurecht, wickelten es in Windeln, wiegten es im Arm hin und her und sangen ihm ein Schlaflied:

> «Schlafe, schlaf nun ein,
> liebes Holzbüblein!
> alle Schwälbchen schlafen schon
> warm und weich im Nest.
> Und der Marder schläft nun auch
> in seinem Bau ganz fest.
> Füchslein lässt das Jagen sein,
> schläft nun müde ein.
> Schlafe, schlaf auch du nun ein,
> unser liebes Holzbüblein!
> Schlafe, schlafe ein.»

So wiegten sie es in ihren Armen hin und her und sangen ihm Schlaflieder, bis sie an Stelle eines Holzstückchens ein lebendiges Kindchen im Arm hielten, ihr Söhnlein, das kleine Holzbüblein, wie sie es nannten.
Der kleine Junge wuchs heran und nahm zu an Weisheit und Verstand.
Der Vater baute ihm ein kleines Boot, strich es mit weißer Farbe an und die Ruder malte er rot.
Da saß das Holzbüblein in seinem Boot und rief ihm zu:

> «Schifflein, fahre weit hinaus auf den See,
> wo silberne Fischlein springen in die Höh!»

Da fuhr das Boot weit, ganz weit mit ihm auf den See hinaus. Und das Holzbüblein fing manch schönes Fischlein. Die Mutter brachte ihm Milch und Quarkküchlein. Sie stand am Ufer und rief:

> «Holzbüblein, mein liebes Kind!
> Komm zur Mutter ans Ufer geschwind!
> Speis und Trank bring ich dir,
> und du gibst mir die Fischlein dafür!»

Das Holzbüblein hörte weit draußen auf dem See die Stimme der Mutter und ruderte ans Ufer. Die Mutter nahm die gefangenen Fische, gab dem Söhnchen zu essen und zu trinken, wechselte ihm das Hemdchen, band ihm das Gürtelein und ließ es wieder zum Fischfang hinausfahren auf den See. Aus der Ferne hatte all das die böse Hexe gesehen. Sie kam ans Ufer und rief mit grauslicher Stimme:

> «Holzbüblein, mein liebes Kind!
> Komm zur Mutter ans Ufer geschwind!
> Speis und Trank bring ich dir,
> und du gibst mir die Fischlein dafür!»

Das Holzbüblein hörte, dass es nicht die Stimme der Mutter war, die ihn rief, und sprach zu seinem Boot:

> «Schifflein, fahre weit, weit hinaus auf den See,
> nicht mein Mütterlein ist's, das dort am Ufer steht!»

Die Hexe rannte zum Schmied und befahl ihm, ihr die Kehle umzuschmieden, damit ihre Stimme ebenso fein klinge wie die von Holzbübleins Mutter. Da schmiedete er ihr die Kehle um.
Die Hexe rannte wieder zum Ufer und begann dort mit ganz feiner Stimme zu singen, die genauso klang wie die des Mütterleins.

> «Holzbüblein, mein liebes Kind!
> Komm zur Mutter ans Ufer geschwind!
> Speis und Trank bring ich dir,
> und du gibst mir die Fischlein dafür!»

Das Holzbüblein ließ sich täuschen und kam ans Ufer. Da stand schon die Hexe, packte das Kind, steckte es in einen Sack und rannte mit ihm davon.
Sie brachte es in ihr Hexenhäuschen auf Hühnerbeinen und befahl ihm, dort still zu warten. Sie verschloss die Tür fest und zog wieder auf Beutefang aus. So war das Holzbüblein gefangen, aber nicht für lange Zeit,

denn als es hörte, dass die Hexe wieder kam, entdeckte es ein kleines Fensterchen, schob sich behende hindurch, rannte von dem Hexenhäuschen fort und kletterte auf eine hohe Eiche. Dort setzte es sich auf einen Ast und sang übermütig ein lustiges Liedchen.

Bald kam die Hexe wieder, schloss ihre Tür auf und suchte das Holzbüblein überall, denn sie wollte es fressen. Wie enttäuscht war sie, dass ihr der Braten entkommen war! Dann aber hörte sie das Liedchen, schaute in die Höhe und entdeckte das Kerlchen hoch oben auf dem Baum. Sie lief hin und begann den dicken Eichenstamm zu benagen. Sie nagte und nagte, bis ihr zwei Vorderzähne abbrachen. Da rannte sie wieder zum Schmied und rief:

«Schmiede zwei Zähne aus Eisen für mich,
tust du es nicht, so fresse ich dich!»

Der Mann schmiedete ihr zwei eiserne Zähne. Die Hexe kam zurück und nagte weiter. Sie nagte und nagte, bis ihr zwei untere Zähne ausbrachen. Wieder rannte sie zum Schmied und rief:

«Schmiede noch zwei Zähne aus Eisen für mich,
tust du es nicht, so fresse ich dich!»

Der Schmied machte ihr noch zwei eiserne Zähne. Die Hexe kam zurück und nagte weiter an dem Eichenstamm. Sie nagte und nagte, dass die Späne nur so flogen. Schon begann die starke Eiche zu schwanken und zu wanken.

Was sollte das Holzbüblein nur machen? Hoch oben am Himmel sieht es die Gänse, die Schwäne ziehen und ruft bittend hinauf:

«Ihr Gänse, ihr Schwäne mein!
Tragt mich auf euren Flügeln heim,
bringt mich zum lieben Mütterlein,
bringt mich zu meinem Väterlein!»

Aber die Gänse, die Schwäne antworteten ihm:

«Keine Zeit! Keine Zeit!
Unser Weg ist noch weit!
Andere kommen hinter uns drein,
sie werden gewiss dich tragen heim!»

Die Hexe nagte indessen immer weiter. Sie schaute oft zum Holzbüblein empor, schleckte sich dabei die Lippen und nagte dann weiter.
Da kam eine zweite Schar Gänse, Schwäne gezogen. Das Holzbüblein rief flehend hinauf:

«Ihr Gänse, ihr Schwäne mein!
Tragt mich auf euren Flügeln heim,
bringt mich zum lieben Mütterlein,
bringt mich zu meinem Väterlein!»

Aber die Gänse, die Schwäne antworteten ihm:

«Keine Zeit! Keine Zeit!
Unser Weg ist noch weit!
Nach uns kommt ein zerrupftes Gänselein,
vielleicht kann es dich tragen heim!»

Die Hexe war fast schon mit dem Nagen fertig, gleich konnte die Eiche stürzen. Da kommt das zerrupfte Gänslein angeflogen und das Holzbüblein bittet und fleht:

«Du liebes junges Gänslein mein!
Trag mich auf deinen Flügeln heim,
bring mich zum lieben Mütterlein,
bring mich zu meinem Väterlein!»

Das zerrupfte Gänslein hatte Mitleid mit dem Holzbüblein, nahm es auf seine Flügel, flog mit ihm davon und brachte es nach Hause.

Sie kamen zum Häuschen und setzten sich davor ins Gras.

Das Mütterlein hatte gerade im Gedenken an ihr liebes verlorenes Kindchen Pfannkuchen gebacken. Traurig reichte sie einen dem Väterchen hin und sagte: «Hier, Alterchen, der Pfannkuchen ist für dich und einer ist für mich.» Da ruft das Holzbüblein vom Fenster her: «Und wo ist einer für mich?»

Die Mutter lauscht und sagt: «Geh doch einmal und sieh nach, wer da um einen Pfannkuchen bittet!» Der Vater geht vor die Tür – da steht das Holzbüblein lebendig und gesund vor ihm. Er führt es zur Mutter – das war eine Freude, nicht zu beschreiben!

Das zerrupfte Gänslein wurde gehegt und gepflegt, bis seine Federn wieder heil wuchsen, dann breitete es seine Flügel aus und flog den anderen Gänsen, den Schwänen nach, aber das Holzbüblein vergaß es nie, das ganze Leben lang.

Die Holzpantoffelchen

Es war einmal ein kleiner Tropf
mit spitzer Mütze auf dem Kopf,
mit Holzpantoffelchen,
der hieß Hans Stoffelchen.

Er wohnte in dem Scheunenfach
ganz oben unterm Giebeldach
und guckte gern herfür
aus seiner kleinen Tür.

Und einmal lugt er auch heraus
und baumelt seine Beinchen 'naus,
da fiel herab, o Schreck,
Pantoffel und war weg.

Ich nahm mir einen Lindenast
und schnitzte ohne Ruh und Rast
zwei Schuhe hübsch und neu
und stellte sie ins Heu.

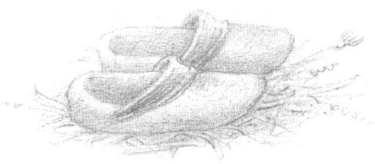

Gleich kam der Wichtelmann daher,
bedankte sich und freut sich sehr
und mochte gar nicht ruhn
in seinen neuen Schuhn.

Er wirkelte und werkelte,
er häckelte und härkelte
und putzte unser Haus
ganz wundernett heraus.

Du siehst ihn durch das Schlüsselloch,
er fegt und schrubbt und scheuert noch,
die Schuhe klappern mit:
di klipp di klapp di klipp!

Marianne Garff

Am 4. Dezember

Geh in den Garten
am Barbaratag.
Gehe zum kahlen
Kirschbaum und sag:

Kurz ist der Tag,
grau ist die Zeit.
Der Winter beginnt,
der Frühling ist weit.

Doch in drei Wochen,
da wird es geschehn:
Wir feiern ein Fest
wie der Frühling so schön.

Baum, einen Zweig
gib du mir von dir.
Ist er auch kahl,
ich nehm ihn mit mir.

Und er wird blühen
in seliger Pracht
mitten im Winter
in der heiligen Nacht.

Josef Guggenmos

Die Reise der kleinen Ameise nach der goldenen Stadt

Es war einmal eine kleine Ameise, die hatte Lust, sich auf die Wanderschaft zu begeben. Einmal im Leben wollte sie die wundersame goldene Stadt sehen und sich an ihr freuen. So schnürte sie ihr Bündel, band ihr Kopftuch fest, nahm den Reisestab und wanderte durch Täler und über hohe Berge. Eines Tages überzog der Frost das Land mit einer glitzernden Eisschicht und fror das hinterste Beinchen der kleinen Ameise fest.
Da rief die kleine Ameise:

«Ach, du harter Frost, ich bitte dich sehr,
halt nicht mein Beinchen fest, nimmermehr!
Wie könnt' ich sonst wandern zur goldenen Stadt
und tanzen und singen und schauen mich satt?»

Doch der Frost antwortete: «Da kann nur die Sonne dir helfen! Denn die Sonne ist stärker als ich. Schmilzt sie mein Eis, wird dein Bein wieder frei.»
Da rief die kleine Ameise:

«Ach, liebe Sonne, ich bitte dich sehr,
schick deine Strahlen zu mir her!
Lass sie schmelzen das Eis, das mein Beinchen festhält!
Wie könnt' ich sonst wandern zur goldenen Stadt
und tanzen und singen und schauen mich satt?»

Aber die Sonne sagte: «Da kann nur die Wolke helfen! Denn sie ist stärker als ich. Wenn sie mich nicht mehr verdeckt und meine Strahlen freigibt, schmelze ich gerne das Eis von deinem Beinchen hinweg.»
Da rief die kleine Ameise:

«Ach, große Wolke, ich bitte dich sehr,

verdunkle die liebe Sonne nicht mehr!
Damit sie das Eis wegschmelzen kann
und der Frost mein Beinchen lässt aus seinem Bann.
Wie könnt' ich sonst wandern zur goldenen Stadt
und tanzen und singen und schauen mich satt?»

Aber die Wolke sagte: «Da kann nur der Wind helfen, der ist stärker als ich. Nur er hat die Kraft, mich von der Sonne wegzublasen, dass sie ihre Wärme hinunterschicken kann zu dir.»
Da rief die kleine Ameise:

«Ach, starker Wind, ich bitte dich sehr!
Schieb doch die große Wolke vor dir her,
dass die Sonne das Eis wieder schmelzen kann
und der Frost mein Beinchen lässt aus seinem Bann.
Wie könnt' ich sonst wandern zur goldenen Stadt
und tanzen und singen und schauen mich satt?»

Aber der Wind rief hinunter: «Der Berg mit seiner Felswand ist mir im Wege, er ist stärker als ich, denn er hält die Wolken fest. So kann ich dir nicht helfen, kleines Tierchen.»
Da rief die kleine Ameise:

«Ach, du mächtiger Berg, ich flehe dich an:
Mach Platz für den Wind, dass er wehen kann!
Die Wolke soll er blasen weit, weit übers Land,
dass die Sonne das Eis wieder schmelzen kann
und der Frost mein Beinchen lässt aus seinem Bann.
Wie könnt' ich sonst wandern zur goldenen Stadt
und tanzen und singen und schauen mich satt?»

Aber der Berg raunte nur: «Keinen Stein meiner Felsen kann ich selbst bewegen, denn die Mutter Erde, die Uralte, trägt mich. Sie musst du fragen, ob sie dir helfen kann.»
Da rief die kleine Ameise:

«Mutter Erde, du Allestragende, ich bitte dich sehr:
den Berg rück' zur Seite, so stört er nicht mehr!
Dann bläst der Wind die Wolke weit über das Land,
dass die liebe Sonne das Eis schmelzen kann
und der Frost mein Beinchen lässt aus seinem Bann.
Wie könnt' ich sonst wandern zur goldenen Stadt
und tanzen und singen und schauen mich satt?»

Die Erde aber sprach: «Gott der Allmächtige hält mich in seiner Hand. Nach seinem Willen geschieht alles im Land.»

Gott im Himmel aber hatte schon eine Weile den Bitten der kleinen Ameise zugehört und er bekam Mitleid mit dem Tierchen.
Er sprach:
«Erde, erbebe!»
Da bebte die Erde.
Der Berg stürzte ein.
Der Wind zog vorbei.
Die Wolke gab die Sonne frei.
Die Sonne schickte ihre Wärme herunter.
Das Eis schmolz.
Und der Frost gab das Beinchen
der kleinen Ameise wieder frei.

Nun konnte die kleine Ameise endlich weiterwandern bis zur wundersamen goldenen Stadt. Dort konnte sie tanzen und singen und schauen sich satt.

Die Rehlein beten zur Nacht

Die Rehlein beten zur Nacht,
hab acht!
Halb neun!
Halb zehn!
Halb elf!
Halb zwölf!
Zwölf!

Die Rehlein beten zur Nacht,
hab acht!
Sie falten die kleinen Zehlein,
die Rehlein.

Christian Morgenstern

Die drei Haulemännerlein

Verschneit ist der Wald,
verschneit ist der See,
verschneit sind die Berge in der Höh'.

Da, zieh an das Kleid von Papier,
geh in den Wald, schaff' Erdbeeren mir!

So spricht die böse Frau im Haus
zum lieblichen Kind und schickt es hinaus.

Ach, weh mir armem Kind!
Durch das Kleid bläst ja der Wind.
Spitze Dornen zerreißen es mir,
dies dünne, starre Kleid von Papier.

Verschneit ist der Wald,
verschneit ist der See,
verschneit sind die Berge in der Höh'.
Wie finde ich Erdbeeren unter dem Schnee?

Fort nun jetzt, das sage ich dir,
komm nicht ohne Erdbeeren wieder zu mir.
Ein Stücklein Brot, trocken und hart,
das sei deine Speise für den Tag!

Das Mägdlein geht hinein in den Wald,
da ist alles stumm und weiß und kalt.

Verschneit ist der Wald,
verschneit ist der See,
verschneit sind die Berge in der Höh'.

Im Walde sieht es ein Häuslein klein,
drauß' gucken drei Haulemännerlein.

Poch, poch, guten Tag, ihr Zipfelmützen!
Lasst mich ein wenig bei euch sitzen.

Herein, herein, du armes Kind!
Da draußen geht ein harter Wind.

Hier setze dich nieder
und wärme die Glieder.

Hast du bei dir ein wenig zu essen,
solltest uns drei auch nicht vergessen.

Mein halbes Brot, das gebe ich gern,
Gott segn' es euch, ihr kleinen Herrn!

Nimm den Besen, kehr hinter dem Haus,
der Schnee liegt gar zu hoch da drauß'.

Gerne will ich die Arbeit tun,
ihr könnt derweil ein wenig ruhn.

Das hungrige Kind, es gab uns Brot,
trotz seiner eigenen bitteren Not.
Was wollen wir ihm geben
für sein ganzes zukünftiges Leben?

Ich verleihe ihm Schönheit,
von Tag zu Tag mehr.
Ich schenke Gold dem guten Kind,
das bei jedem Wort ihm vom Munde spring'.

Die goldene Krone einer Königin
sei für die Zukunft ihm bestimmt.

Verschneit ist der Wald,
verschneit ist der See,
verschneit sind die Berge in der Höh'.

Was leuchtet so rot hier unter dem Schnee?
Sollten's Erdbeeren sein, die ich dort seh?
Ja, rote Beerlein voller Saft und Kraft,
der Himmel hat dieses Wunder vollbracht!

Geschwind pflück' ich sie in den Korb hinein,
will dankbar für dieses Wunder sein!

Ihr Männlein, seht nur mein Körbchen an,
das hat der Himmel für mich getan!

Lebt wohl, ihr Haulemännerlein!
Jetzt eile ich froh mit den Beerlein heim.

Ja, lauf mit dem Körblein nun heim geschwind!
Unsere Wünsche geleiten dich, du gutes Kind.

Verschneit ist der Wald,
verschneit ist der See,
verschneit sind die Berge in der Höh'.

Das Mädchen wandert heim durch den Wald,
im papierenen Kleid ist ihm bitterkalt.
Doch Schönheit und reines Gold sind sein Lohn,
bis dereinst der König kommt und gibt ihm die Kron'.

Dagmar Fink (nach Grimm)

Schneekristall

Ein Schneekristall lag
mir auf der Hand,
ewig schön,
eine Sekunde.

Josef Guggenmos

Schnee

Schnee, er flieget leicht und leise,
hüllt die Erde liebend ein,
Sternchen sind es, glitzernd weiße,
uns gesandt von Engelein.

Sterne droben helle funkeln,
leuchten in der finstren Nacht.
Sternenschnee wird unsrer dunklen
Erd' vom Himmel zugebracht.

Johanna Ruß

Nun ruht und schläft, was Flügel hat …

Nun ruht und schläft, was Flügel hat,
Und nur der Uhu wacht.
Unhörbar geht durch Land und Stadt
Der Schattenflug der Nacht.

Nun ruht und schläft, was Schwänzlein hat,
Und nur die Katze wacht.
Unhörbar geht durch Land und Stadt
Der Pfotenschritt der Nacht.

Nun ruht und schläft, was Blätter hat,
Die Schattenwurz nur wacht.
Unhörbar geht durch Land und Stadt
Das Blumenlied der Nacht.

Nun ruht und schläft, was Betten hat,
Und nur der Hirte wacht.
Unhörbar geht durch Land und Stadt
Der Hirtengang der Nacht.

James Krüss

Spruch zum Einschlafen

Nun kommt die gute Mutter Nacht,
die alles leis und dunkel macht.
Sie schließt die Blumenkelche zu
und wiegt den wilden Wind zur Ruh.
Nun schlaf auch du.

Marianne Garff

Was Sandmännchens Frau tut

Der Sandmann aus der Sternenmühle
schleppt schon den Schlummersack gebückt.
Vorm Mühltor in der Dämmerkühle
sitzt seine stille Frau und strickt
Schlafhauben, ganz aus Veilchenwolle,
in die sie buntes Traumgarn stickt
voll Vögeln, Hasen, Faltern, Fischen,
dass sie uns nachts nicht mehr entwischen.
Ein weißes Mondschaf der Frau Holle
ist auch dabei und blökt beglückt,
weil sie's mit Glockenblumen schmückt.

Christine Busta

Ein Zauberspruch gegen böse Träume

Ene bene subtrahene!
Keine Angst und keine Träne!
Schon ist alles nicht mehr schwer.

Böse Träume, lasst euch sagen:
Euch kann jedes Kind verjagen!
Kommt nur ja nicht zu mir her!

Um ein Ende euch zu machen,
brauch ich ja nur aufzuwachen
und schon gibt es euch nicht mehr!

Soll ich euch nicht so behandeln,
müsst ihr euch sofort verwandeln:
Gute Träume mag ich sehr!

Seid ihr gut, dann dürft ihr bleiben.
Seid ihr bös, wird euch vertreiben:
Ene bene timpe teer!

Michael Ende

Die Sterntaler

Es war einmal ein kleines Mädchen, dem war Vater und Mutter gestorben, und es war so arm, dass es kein Kämmerchen mehr hatte, darin zu wohnen, und kein Bettchen mehr, darin zu schlafen, und endlich gar nichts mehr als die Kleider auf dem Leib und ein Stückchen Brot in der Hand, das ihm ein mitleidiges Herz geschenkt hatte.

Es war aber gut und fromm. Und weil es so von aller Welt verlassen war, ging es im Vertrauen auf den lieben Gott hinaus ins Feld. Da begegnete ihm ein armer Mann, der sprach: «Ach, gib mir etwas zu essen, ich bin so hungrig.» Es reichte ihm das ganze Stückchen Brot und sagte: «Gott segne dir's» und ging weiter.

Da kam ein Kind, das jammerte und sprach: «Es friert mich so an meinem Kopfe, schenk mir etwas, womit ich ihn bedecken kann.» Da tat es seine Mütze ab und gab sie ihm.

Und als es noch eine Weile gegangen war, kam wieder ein Kind und hatte kein Leibchen und fror: da gab es ihm seins. Und noch weiter, da bat eins um ein Röcklein, das gab es auch von sich hin.

Endlich gelangte es in einen Wald, und es war schon dunkel geworden, da kam noch eins und bat um ein Hemdlein; und das fromme Mädchen dachte «es ist dunkle Nacht, da sieht dich niemand, du kannst wohl dein Hemd weggeben», und zog das Hemd ab und gab es auch noch hin.

Und wie es so stand und gar nichts mehr hatte, fielen auf einmal die Sterne vom Himmel, und waren lauter harte blanke Taler; und ob es gleich sein Hemdlein weggegeben, so hatte es ein neues an, und das war vom allerfeinsten Linnen.

Da sammelte es sich die Taler hinein und war reich für sein Lebtag.

Anmerkungen

S. 13 *Spruch am Morgen*
Von Erika Dühnfort, aus: *Scheine Sonne scheine*

S. 13 *Der Frühling kommt bald*
Aus: Christian Morgenstern, *Liebe Sonne, liebe Erde*

S. 14 *Das neugierige Füchslein im Bärenschloss*
In der englischsprachigen Welt hat das Märchen «Goldilocks und die drei Bären» große Verbreitung gefunden, nach ihm hat auch Lev Tolstoi sein Märchen «Drei Bären» geformt. Dabei handelt es sich jedoch um ein völlig umgeformtes Volksmärchen, das eigenartigerweise ein kleines Mädchen in das Schloss der Bären eindringen lässt. Im ursprünglichen Märchen jedoch war ein Fuchs «Scrapefoot» (= Kratzefuß) der Eindringling. Auf dieser alten englischen Version beruht meine nacherzählende Übersetzung. Um deutlich zu machen, dass es sich bei dem Füchslein nicht nur um einen positiven Helden handelt, wurde zusätzlich der kleine Warnvers («Füchslein, Füchslein hüte dich ...») an mehreren Stellen eingefügt, dadurch werden die Zuordnungen der Tiere untereinander für die Kinder klarer erkennbar. Der kleine vorwitzige Eindringling ist trotz allem liebenswert. Auf jeden Fall vermittelt er den Kindern das Gefühl für das rechte Maß der Dinge (nicht zu hart, nicht zu weich, gerade recht), an das sich viele englische Kinder ihr Leben lang erinnern.
Nach: Joseph Jacobs, *More English fairy tales,* London, 1894.

S. 20 *Das Böcklein*
Dieses russische Verslein ist nur ein Beispiel für die zahlreichen ähnlichen, oft sehr lustigen Kettenverse aus dem osteuropäischen Volksgut, die viele Kinder auch heute noch mit Freude auswendig sprechen können. (Übers.: D. Fink.)

S. 21 *Das Mäuslein und das kleine hinkende Kätzchen*
Wie das Mäuslein ins Wasser fiel
Wie das hinkende Kätzchen das Mäuslein heilte
Die (sehr viel kürzere) Vorlage zu diesem Märchen stammt aus Mallorca, es wurde von mir zum besseren Erzählen dreigeteilt. Es ist ein besonders poetisches Erzählerchen und schon für ganz kleine Kinder gut geeignet. Wie in unserem Märchen

von der Schneeammer ist auch hier im ersten Teil die Schönheit der Stimme oder eines Liedes entscheidend für das kleine Tier. Zu dem zweiten Teil gibt es viele andere Fassungen dieses Märchens, in denen das Mäuslein jeden Freier erst einmal fragt: «Wie würdest du mich herausziehen, wenn ich ins Wasser fallen würde?» und nur dann in die Hochzeit einwilligt, wenn dies auf sehr sanfte Weise geschehen würde. Der dritte Teil gibt wieder eine sehr schöne Folge eines typischen Kettenmärchens, das bis zum Himmel und zurück führt. Kinder lieben solche Erzählketten sehr, und man sollte sie ihnen nicht vorenthalten. (Ich habe hier die in Prosa erzählten Sätze in eine rhythmische Form gebracht).
Nach: *Märchen aus Mallorca*. Ges. v. Erzherzog Ludwig Salvator, Würzburg/Leipzig 1896.

S. 30 *Die Wundernuss*

Für ein krankes Kind, das im Bett liegt, kann man mit wenig Material aus dieser wundersamen Geschichte ein kleines Theaterstückchen zaubern. Man kann sie auch als Anregung für eigene Zauber-Erfindungen nehmen. Aus: Hedwig Diestel, *Wir kommen aus dem Mondenland,* 1957.

S. 31 *Wie der Rabe der Schneeammer ihr Liedchen raubte*

Dieses sehr seltene Märchen stammt aus Sibirien. Es entspricht dem inneren Wissen des Kindes, dass Worte, hier sind es gesungene Worte, eine Kraft darstellen, die auch geraubt werden kann. Der Erwachsene, der diesen Glauben an die Macht des Wortes verloren hat, möge sich an die Macht des Segens oder auch des Fluches in den Überlieferungen der alten Völker erinnern. Man denke nur an den Segen über den Erstgeborenen, den (in den Erzvätergeschichten des Alten Testaments) Jakob von seinem Vater Isaak erschlich. Für den betrogenen erstgeborenen Esau konnte der Segen nicht wiederholt werden, er war eine wirksame Kraft, nicht «nur» dahin gesprochenes Wort. In unserer Geschichte kommt noch dazu, dass das Liedchen von einem Vogel geraubt wurde, der selbst nur heiser krächzen kann, dabei aber offensichtlich große Sehnsucht nach Schönheit empfindet.
Nach dem Eskimomärchen «Das verschwundene Liedchen», aus: *Die Kranichfeder*, Berlin 1975.

S. 36 *Sieben kleine Bären*

Von Josef Guggenmos aus: *Oh, Verzeihung sagte die Ameise.* 1990 Beltz & Gelberg in der Verlagsgruppe Beltz, Weinheim u. Basel.

S. 38 *Die Ziegen, der Wolf und der Fuchs*
Die Vorlage zu diesem Text stammt aus den französischen Pyrenäen. In den französischen Kindermärchen stellt sich der Fuchs oft auf die Seite der vom Wolf verfolgten Tiere. In einer kurzen, unserem Märlein sehr ähnlichen Geschichte ist er allerdings selbst der Geprellte. Ich füge es hier kurz an:

«In einem Jahr hatte ein Hühnchen eine stattliche Schar von Küken. Das Huhn ging mit seinen Kinderchen in ein Maisfeld und gab jedem von ihnen einen Maiskolben in den Schnabel, nur dem kleinsten nicht, denn das konnte so etwas Schweres noch nicht tragen.

Es kam ein Fuchs vorbei. «Sei gegrüßt, Hühnchen!» «Sei auch du gegrüßt, Gevatter Fuchs!» «Hast du aber eine hübsche Kinderschar! Sag mir doch, Hühnchen, was trägt denn jedes von ihnen in seinem Schnabel?» «Oh, das sind alles Fuchsschwänze.» «Und warum trägt das letzte keinen?» «Das will sich deinen gleich schnappen!», antwortete das Hühnchen. Da rannte der Fuchs so schnell er nur konnte davon. Da hinten rennt er noch immer, fang ihn, wenn du kannst!»

Beide Märchen aus: Dagmar Fink, *Contes merveilleux des pays de France*.

S. 44 *Das krumme Männlein*
Die Vorlage zu diesem Verslein, «There was a crooked man», gehört zu den englischen nursery rhymes, ich habe es ein wenig verändert, indem ich Echosätze einfügte. Auch der letzte Satz stammt von mir.

S. 45 *Hahnchen und Hennchen*
Dieses Märchen, das zwei bekannte Themen verknüpft (den Himmelsaufstieg an der Bohnenranke und den zweiten Teil des Märchentyps der «Bremer Stadtmusikanten») stammt aus Ostpreußen. Seine frische, sehr volkstümliche Erzählweise ist ein Labsal für die Kinder. Das Sprüchlein: «Setz dich hinten auf meinen Wagen ...» stammt aus der Originalfassung. Die Schawei ist der ostpreußische Name einer Art der Weihen, d.h. eines Raubvogels, dessen Gesicht dem einer Eule ähnlich sieht. Das Wiederaufleben eines tot geglaubten Tierchens finden wir auch in unserem Märchen von dem Mäuslein und der Mettwurst – gerade für kleinere Kinder ein beglückendes und befreiendes Ende der Geschichte.

Nach: Elisabeth Lemke, *Volkstümliches in Ostpreußen*, 1884.

S. 52 *Das Wasser*
In unserer kleinen Sammlung von Regengedichten darf dieses Gedicht von James

Krüss nicht fehlen. Es bereitet auf kindgemäße Weise vor auf das große Goethegedicht «Gesang der Geister über den Wassern» (Des Menschen Seele gleicht dem Wasser: Vom Himmel kommt es, zum Himmel steigt es ...), das die Kinder erst viel später kennen lernen werden. © James Krüss, 2001, *Der wohltemperierte Leierkasten*, erschienen im C. Bertelsmann Jugendbuch Verlag, München, einem Unternehmen der Verlagsgruppe Random House GmbH.

S. 53 *Es regnet* von Friedl Hofbauer
Ein kleines Gedicht, das die pochende Eintönigkeit der fallenden Regentropfen nachahmt und das man unendlich wiederholen kann, sprechend, vielleicht auch klopfend.

S. 54 *Auf dem Ausflug*
Wenn es bedrohlich nach Regen aussieht, ist dieses humorvolle Gedicht eine Freude für die Kinder und zugleich Ermutigung, doch den geplanten Spaziergang zu wagen. Aus: J. Guggenmos, *Was denkt die Maus am Donnerstag?* 1998 Beltz & Gelberg in der Verlagsgruppe Beltz, Weinheim u. Basel.

S. 55 *Wir wenden das Heu*
Auch wenn Kinder noch nie an einer Heuernte teilgenommen haben, kann man ihnen hier vom Duft des Heus, von der Stimmung eines durchsonnten Vorsommertages erzählen.
Aus: Marianne Garff, *Es plaudert der Bach.*

S. 56 *Sommerlust*
Dieses Gedicht von Robert Reinick trägt eigentlich den Titel «Juchhe!» und besteht aus drei Versen. Ich wollte gern mit seinem ersten Vers ein wenig Sommerstimmung in diesen Teil des Buches tragen. Aus: Heinz Ritter, *Eins und Alles.*

S. 56 *Spruch vor Tisch*
Auch das Mittagessen als Höhepunkt des Tages bringt ja immer ein wenig den Sommer in die Familie. So mag es berechtigt sein, dieses von vielen Kindern geliebte Tischgebet von Christian Morgenstern mit dem Sommerspruch zu vereinen. Aus: Christian Morgenstern, *Liebe Sonne, liebe Erde.*

S. 57 *Dornröschen*
Dieses so leuchtend schöne und geheimnisvolle Märchen mit seinen lustigen Einlagen macht auch kleineren Kindern schon große Freude. Aus: Grimm, *Kinder- und Hausmärchen.*

S. 62 *Lied der Blumenfrau*
Anstelle eines ganzen Marktspiels, das den Rahmen dieses Buches gesprengt hätte, nun dieses Gedicht von James Krüss, das man natürlich auch spielen und durch eingestreute Dialoge mit anderen Marktfrauen ergänzen kann.
© James Krüss, 2001, *Der wohltemperierte Leierkasten,* erschienen im C. Bertelsmann Jugendbuch Verlag, München (s. Anm. zu S. 52).

S. 63 *Komble und seine beiden Schäfchen*
Die Vorlage zu diesem Kindermärchen stammt aus Georgien und ist dort bei den Kindern außerordentlich beliebt. Charakteristisch für dieses Land ist das Schwören bei der Sonne. Man kann unsere Geschichte natürlich als naives kleines Kindermärchen empfinden, jedoch verliert der erzählende Erwachsene sogleich diese etwas abschätzige Haltung, wenn er sich die Frage stellt, ob nicht vielleicht in der Gestalt dieses Komble in sehr vereinfachter Form der Halbgott Herakles mit seiner Keule dargestellt ist, wie er gegen das Untier kämpft und die gerechte Ordnung wiederherstellt. Nach: *Atasperi prinveli* (Übers.: D. Fink).

S. 67 *Heile, heile Segen*
Diese beiden Seiten sind ganz dem kranken Kind gewidmet. Die ersten Sprüchlein stammen aus dem deutschen Volksgut. Das nächste:

S. 68 *Der Heilestern* stammt von Alfred Baur. Ich habe es seiner viel längeren Fingerspiel-Geschichte entnommen. In seinem Buch *Das Fingertheater* gibt er dazu auch Spielanweisungen.

S. 69 *Verschwunden*
Vielleicht kann man einem kranken Kind seinen Tee durch dieses lustige Verslein von Josef Guggenmos ein wenig versüßen. Aus: J. Guggenmos, *Was denkt die Maus am Donnerstag?* 1998 Beltz & Gelberg in der Verlagsgruppe Beltz, Weinheim u. Basel.

S. 70 *Wie das Mäuslein und die Mettwurst zusammen lebten*
Die Vorlage zu diesem Märchen stammt aus Mecklenburg und wurde natürlich auf plattdeutsch erzählt. Unsere beiden plattdeutschen Märchen stammen vom Ende des 19. Jahrhunderts.
Das liebevolle Zusammenleben von beiden Wesen entspricht so ganz dem Bedürfnis des kleinen Kindes nach Harmonie. Der Gang der Handlung hat auch

eigentlich nichts Erschreckendes, denn er spricht von Fürsorge und Liebe so vieler Freunde für das verunglückte Tierchen; und das plötzliche Wiederaufleben des Mäusleins schafft ein befreiendes Ende der Geschichte.

Nach: *Die Maus und die Mettwurst*, Nr. 22 in: *Mecklenburgische Volksmärchen* (Übers. D. Fink)

S. 73 *Nächtliches Vergnügen* Aus: Josef Guggenmos, *Was denkt die Maus am Donnerstag?* 1998 Beltz & Gelberg in der Verlagsgruppe Beltz, Weinheim u. Basel.

S. 74 *Das Spätzlein*

Ein ähnliches Erzählerchen findet sich in den Sammlungen mehrerer Balkanländer, die Vorlage zu diesem hier stammt aus Mazedonien. Natürlich ist ein moralisierender Anspruch darin ausgesprochen, man solle sich mit seinem eigenen Lebenszustand abfinden. Aber für die Kinder ist es einfach ein schön erzählter farbenbunter Traum, an dessen Ende ein jeder erleichtert aufatmet und sich mit dem unscheinbaren Spätzlein über das neu gewonnene Leben freut.

S. 76 *Der feurige Schafbock*

Die Vorlage zu diesem ätiologischen Märchen stammt aus Afrika. Es ist aber so allgemein gehalten, dass es keine typisch afrikanische Prägung trägt. In allen Kulturen hat man immer versucht, ein Naturgeschehen den kleinen Kindern nahe zu bringen, in dem man es durch ein einfaches, dem Kind fassbares Bild ausdrückte. Hier wird der ungestüme, unberechenbare und Angst einflößende Blitz durch einen feurigen Widder verkörpert, und der rumpelnde, grollende Donner durch dessen Mutter (die Wolke als Großmutter wurde von mir noch als besänftigendes Element hinzugefügt). Ist den Stadtkindern die Angst vor dem Gewitter heute weitgehend unbekannt, sollte man sie wenigstens durch eine Geschichte noch mit diesem Urerlebnis der Menschen konfrontieren. (Größeren Kindern kann man dazu ruhig aus Peter Roseggers Buch *Als ich noch der Waldbauernbub war* vorlesen: «Als dem kleinen Maxel das Haus niederbrannte», damit sie ermessen können, was der Blitzschlag für das Schicksal einer ganzen Familie bedeuten kann.) Nach: «Die Geschichte von Blitz und Donner» in: *Märchen aus Nigeria*.

S. 78 *Gewitter*

Dieses Gedicht von Hedwig Diestel kann die vorherige Geschichte sinnvoll ergänzen.

S. 79 *Am Waldweiher*
Ein Gedicht von Josef Guggenmos aus: *Oh, Verzeihung sagte die Ameise*.
1990 Beltz & Gelberg in der Verlagsgruppe Beltz, Weinheim u. Basel.

S. 80 *Das kleine Halbküken Zizila*
Die Märchen vom kleinen Halbhähnchen, das mehrere viel größere Tiere in seinen Leib aufnimmt, um sein geraubtes Goldstück zurückzufordern oder, wie in der vorliegenden Geschichte, sich zu rächen für den Verlust seiner Ernte, ist bei einigen europäischen Völkern sehr verbreitet (siehe «Das halbgerupfte Hähnchen» in *Das Häschen Schnuppernäschen und der böse Bock*), nur in der Sammlung der Brüder Grimm fehlt es. Das Besondere dieser georgischen Fassung ist die elementare Zorneskraft des kleinen Tieres. Und im Gegensatz zu fast allen anderen Fassungen will das größere Tier hier jedes Mal das kleine Küken fressen und wird dann selbst verschluckt. Man sollte sich das kleine Tierchen nicht so konkret als halbes Tier vorstellen, denn im Grunde stellt es eine viel größere Macht – jenseits der physischen Erscheinung – dar (immer zeigt es den Kampf gegen einen mächtigen Unterdrücker), und gerade das trägt zu der unglaublichen Verbreitung und Beliebtheit dieses Märchentypus bei.
Aus: *Atasperi prinveli*. Georgische Volksmärchen (Übers.: D. Fink)

S. 86 *Das Eselein*
Auch dieses Märchen aus der Sammlung der Brüder Grimm trägt die Botschaft des Wohlklangs, der Harmonie zu den Kindern. Hier ist es die Liebe zur Musik, die das junge Eselein beflügelt, unermüdlich zu lernen und sich immer weiter zu entwickeln, bis es die höchste Meisterschaft erreicht. Vieles an diesem Märchen ist rätselhaft, wie auch der Umstand, dass Bilder eines Harfe oder Leier spielenden Esels bereits in der bildenden Kunst des alten Orients auftauchen, bis hin zu den schönen Darstellungen an romanischen Kirchen in Frankreich.

S. 90 *Der rollende Pfannkuchen*
Die Geschichte vom rollenden Pfannkuchen (oder auch Brotfladen) findet sich in den Kindermärchen-Sammlungen vieler Länder, zu den bekanntesten gehören wohl der russische «Kolobok» und die französische «Roule galette». Unsere deutsche Fassung ist geprägt durch die plattdeutschen Wendungen, die selbst in hochdeutsch erzählten Texten auftauchen. Überall wird der übermütige Kleine zum Schluss von einem schlauen Tier, meistens einem Fuchs, überlistet und auf-

gefressen. Es gibt aber auch eine freundlichere Wendung der Geschichte, die sicher aus einer Zeit stammt, als die konsequente Aussage des Volksmärchens nicht mehr verstanden wurde. Ich füge ihren Schluss hier an, so mag jeder Erzählende selbst entscheiden, welches Ende der Geschichte er seinen Kindern erzählen möchte:
Veränderter Schluss der Geschichte: (Anstelle des Füchsleins ...) Da kamen drei Kinder daher, die hatten keinen Vater und keine Mutter mehr und riefen:
«Ei, du goldgelber Pfannekuchen,
wo läufst du denn so eilig dahin?
Steh still, steh still, wir müssen dich versuchen,
weil wir so müde und matt und hungrig sind!»
Da blieb der Pfannekuchen stehen, schaute sich die bittenden Kinder an, dann sprang er in ihren Korb und ließ sich von ihnen essen.
Der erste Teil wurde von mir aus verschiedenen Fassungen zusammengestellt und durch die Verslein ergänzt. Dieser letzte Teil stammt aus: Paul Zaunert, *Deutsche Märchen seit Grimm*.

S. 95 *Die zwei Wurzeln*
Christian Morgenstern, aus: *Alle Galgenlieder*

S. 96 *Der Bär und die Kinder des Zaunkönigs*
Die Vorlage zu diesem so drastisch und erfrischend erzählten Märchen stammt aus Mecklenburg und wurde ursprünglich auf plattdeutsch erzählt. Es gibt bei allen Völkern der Welt mindestens ein Märchen über den Krieg zwischen vierbeinigen und fliegenden Tieren. Immer gewinnen die kleineren Tiere. Und immer wird dieser Krieg auf sehr humorvolle Weise dargestellt, deswegen eignet es sich gut als Mut stärkendes Erzählerchen für kleine Kinder. Vergleicht man diese Fassung mit derjenigen von Grimm («Der Zaunkönig und der Bär»), kann man sich nur darüber freuen, wie viel direkter und konkreter hier in der Mundart erzählt wird. (Auch wenn es nicht so bekannt ist: Die weiblichen Hummeln können tatsächlich stechen.)
Nach: «Der Krieg der Vögel gegen die Vierfüßler», Nr. 44 in: *Mecklenburgische Volksmärchen* (Übers.: D. Fink.)

S. 100 *Die beiden Ziegenböcke auf dem Brückensteg*
Ein derartiges Erzählerchen gibt es in den Überlieferungen vieler Völker. Ich habe hier eine russische Geschichte übersetzt und nachgestaltet, weil ich meine,

man kann damit beim freien Nachspielen in Geschwister- oder Kindergartengruppen auf heilsame Art Aggressionen abbauen.

S. 103 *Quex und Quax, die beiden Frösche*
Dieses lustige Gedicht von Anneliese Schwabe stammt aus dem Band *Scheine Sonne scheine*.

S. 104 *Die Bienenkönigin*
Dieses Märchen aus der Serie von «Dummlingsmärchen» der Brüder Grimm kann natürlich erst von etwa sechsjährigen Kindern ganz aufgenommen werden. Aber die Güte des Dummlings gegenüber den Tieren wird in so starken Bildern dargestellt, dass auch kleinere Kinder sich mit ihnen ganz verbinden können.

S. 107 *Elfenlied (Gesang der Elfen)* von Johann Wolfgang v. Goethe.

S. 108 *Fingerhütchen* von Conrad Ferdinand Meyer.
Diese beiden dichterischen Darstellungen sprechen in schönen Bildern von den Elementarwesen, so, wie auch kleine Kinder sie schon ganz aufnehmen können. (Siehe auch die Ausführungen zu Zwergen- und Elfenmärchen im Vorwort.)

S. 113 *Sankt Michael*
Es ist die erste Strophe eines Gedichtes von Heinz Ritter, in dessen Sammlung *Eins und Alles* noch andere Michaels-Gedichte und -Lieder zusammengestellt. sind.

S. 114 *Herbstlied*
Johanna Ruß, *Rhythmische Verse für Kinder-Eurythmie*.

S. 116 *Das Wichtelmännlein*, von Hedwig Diestel, aus ihrem Gedichtband *Kindertag*.

S. 117 *Der Knabe und die Schlange*
Hier wird nur der erste Teil eines viel längeren Märchens wiedergegeben, der – wie auch in «Die Bienenkönigin» – in schöner Weise die Mitleidstat einem kleinen Tier gegenüber darstellt und gleichzeitig ein anderes Licht auf die Schlange wirft, eines der großen Weisheits-Wesen der frühen Mythologien der Menschheit.
Aus: J. Haltrich, *Deutsche Volksmärchen aus dem Sachsenlande in Siebenbürgen*.

S. 121 *Das Holzbüblein*
Die Vorlage zu diesem Märchen wurde einer Sammlung russischer Volksmärchen entnommen, die von Alexei N. Tolstoi bearbeitet wurde. Das Thema dieses Märchens, das wir ja vom deutschen «Hänsel und Gretel» kennen, ist in dieser oder jener Ausformung in ganz Europa verbreitet und bei den Kindern sehr beliebt.

Immer ist es eine Hexe oder ein Menschenfresser, der ein Kind raubt und es dann fressen will. Welche List das Kind nun anwendet, um der Hexe zu entkommen und, wie in unserem Märchen, sie dann auch noch zu verspotten, ist von Volk zu Volk verschieden. Im russischen Märchen ist der Schluss dann ganz besonders dramatisch, weil man bis zum Ende nicht weiß, ob der kleine Junge noch gerettet werden kann. Ganz offensichtlich sind zwei andere, ebenfalls sehr alte Volksmärchen mit unserer Fassung verbunden worden: Zu Beginn die Entstehung des Kindes aus einer leblosen Materie (hier ist es ein Stück Holz, in anderen russischen Märchen ist es Schnee oder ein Stückchen Teig). Am Ende dann der Hilferuf an die Wildgänse und Schwäne, die in vielen russischen Märchen vereint angerufen werden und aus extremer Gefahr retten können. Es ist bezeichnend, dass ein kränkliches Tierchen schließlich hilft, genau wie in unserem Märchen vom Mäuschen erst das kleine hinkende Kätzchen der erwählte Bräutigam und Helfer ist, wie auch immer das kleine Halbküken stärker und mutiger ist als alle anderen großen Tiere und diese sogar in seinen Leib aufnehmen kann.

Für Kinder ist es in jedem Fall stärkend zu hören, wie das kleine Holzbüblein der Hexe entkommen kann, gerade weil es seine Erfindungskraft gegen die dunklen Kräfte der Hexe einsetzt.

Originaltitel: «Terjoschetschka», in: *Russkie narodnie skaski*, 1977 (Übersetzung: D. Fink).

S. 128 *Die Holzpantoffelchen*, von Marianne Garff, aus: *Es plaudert der Bach*.

S. 130 *Am 4. Dezember*, aus: Josef Guggenmos, *Ich will dir was verraten*. 1992 Beltz & Gelberg in der Verlagsgruppe Beltz, Weinheim u. Basel.

S. 131 *Die Reise der kleinen Ameise nach der goldenen Stadt*
In ganz Südfrankreich wurde durch Jahrhunderte hindurch dieses Kettenmärchen von der Pilgerfahrt der kleinen Ameise nach Jerusalem erzählt. Ich habe, um diese schöne Geschichte der Vorstellungswelt kleinerer Kinder der heutigen Zeit anzupassen, das Bild einer Wanderschaft verwendet und auch diese lieber zu einer märchenhaften goldenen Stadt führen lassen. Wir haben hier die kostbare Folge eines Kettenmärchens, das mit dem Missgeschick eines winzigen Wesens beginnt und bis zu Gott führt, der die ganze Erde beben lässt, um dem kleinen Tierchen zu helfen. Eine Geschichte, die das Urvertrauen des Kindes in die Allmacht und Güte der himmlischen Mächte bestärken kann – jedes Lebe-

wesen, und sei es noch so klein, wird von Gott gesehen und darf um seine Hilfe bitten.

Diese Reise durch das ganze Universum auf der Suche nach einer immer noch stärkeren Macht findet man in den Überlieferungen vieler Kulturen, besonders auch in Indien. Der vollständige Titel dieser in ganz Südfrankreich bekannten «randonnée» lautet: «Die Pilgerfahrt der kleinen Ameise nach Jerusalem.» Da soll noch auf einen anderen Zusammenhang hingewiesen werden: die feierliche Begehung eines Labyrinths (in den Kathedralen) wurde in Frankreich immer auch «Chemin de Jérusalem» (Weg nach J.) genannt; und unser Kettenmärlein hätte sich gewiss nicht so viele Jahrhunderte lang gehalten, wäre nicht auch ein tieferer Sinn damit verbunden – das gilt übrigens auch für viele Kinder-Reigenspiele.

«La petite fourmi qui va à Jérusalem», in: *Contes merveilleux des pays de France*.

S. 135 *Die Rehlein beten zur Nacht.* Christian Morgenstern nannte sein Gedicht «Das Gebet», es steht in seinen *Galgenliedern*.

S. 136 *Die drei Haulemännerlein*

Hier habe ich den ersten Teil des Märchens «Die drei Männlein im Walde» (Grimm) zu einem schlichten Spiel gestaltet. Wie schon im Vorwort erwähnt, haben wir damit eines der seltenen Märchen, in denen Zwerge als weise, hilfreiche Wesen erscheinen, eine Wohltat für die Kinderseelen. Mit dem vollständigen Märchen wären kleinere Kinder noch überfordert.

S. 141 *Schneekristall* von Josef Guggenmos.

Staunen über ein Wunder der Natur – was gibt es Schöneres für ein Kind? Es lernt Stille und Ehrfurcht daraus, ohne jede Belehrung.

Aus: H.-J. Gelberg (Hrsg.), *Überall und neben dir*. 1986 Beltz & Gelberg in der Verlagsgruppe Beltz, Weinheim u. Basel.

S. 141 *Schnee* von Johanna Ruß, aus: Ritter, *Eins und Alles*.

S. 142 *Nun ruht und schläft, was Flügel hat.*

© James Krüss, 2001, *Der wohltemperierte Leierkasten*, erschienen im C. Bertelsmann Jugendbuch Verlag, München (s. Anm. zu S. 52).

S. 144 *Spruch zum Einschlafen*, aus: Marianne Garff, *Es plaudert der Bach*.

S. 145 *Ein Zauberspruch gegen böse Träume*

Es gibt Phasen im Kinderleben (oft im 6., 7. Lebensjahr), in denen die Kinder schlecht einschlafen können und zuweilen auch aus bösen Träumen aufwachen.

Michael Ende scheint das aus seiner eigenen Kindheit zu kennen, denn er hat verschiedene solcher Zaubersprüche geschrieben (ein anderer steht in seinem «Traumfresserchen»). Die Kinder bekommen durch einen solchen Spruch, vor allem, wenn sie ihn selbst sprechen, Abstand von dem, was sie überwältigt, und Mut, diesem mit Selbstvertrauen zu begegnen.
Aus: Michael Ende, *Das Schnurpsenbuch*. © 1979 by Thienemann Verlag (Thienemann Verlag GmbH), Stuttgart-Wien.

S. 146 *Die Sterntaler*
Ein wunderbares Märchen der Brüder Grimm, das so manches Kind vor dem Einschlafen wieder und wieder hören möchte.

Abzählreime – Schnabelwetzer – Koseverschen – Fingerspiele

Über die Wichtigkeit der Abzählreime wurde schon im Vorwort gesprochen. Im Volksgut finden sich entweder lustige, oft ziemlich derbe Sprüche, oder aber geheimnisvoll-unverständliche, die von den Kindern als magisch und sehr wirksam empfunden werden. Deshalb wurden auch zwei Sprüche aus fremden Sprachen übernommen. «Am stram gram» ist der bekannteste und beliebteste Abzählreim in Frankreich, doch den französischen Kindern ist er genauso unverständlich wie unseren deutschen. Niemand weiß, woher er kommt und was die Worte ursprünglich bedeutet haben. Das Gleiche gilt für den Vers aus Georgien: «Enki benki ...», dort bedeuten lediglich die letzten Silben «gawida» – «der geht raus». Ich halte es für eine Bereicherung, wenn unsere Kinder diese Reime in ihr Repertoire übernehmen. (Sie werden beide sehr deutlich und auf jeder Silbe betont gesprochen, nur sollte man bei dem französischen Abzählreim darauf achten, die vorletzte Silbe eine Quint höher zu sprechen.)
Alle anderen Sprüche mit der Angabe «Volksgut» stammen aus der umfangreichen Sammlung von F. M. Boehme, sonst wurden viele (deren Verfasser angegeben sind) entnommen der Sammlung *Scheine Sonne scheine*. Einige wurden von mir selbst verfasst und erscheinen hier zum ersten Mal. Die meisten in die Märchen eingefügten rhythmischen Sprüche stammen von mir. Wenn ein Spruch aus der Originalversion des jeweiligen Märchens stammt, wurde dies in den Anmerkungen erwähnt.

Dagmar Fink

Quellenverzeichnis

Ataseri prinveli (Der tausendfarbige Vogel) Georgische Volksmärchen, Tbilissi 2000
Alfred Baur, *Das Fingertheater*, Schaffhausen: Novalis Verlag 1974
F. M. Boehme, *Deutsches Kinderlied u. Kinderspiel*, Leipzig: Breitkopf & Härtel 1924
E. Bühler / M. Lobeck, *Scheine Sonne scheine*, Stuttgart: Verlag Freies Geistesleben, 3. Aufl. 1992
Hedwig Diestel, *Wir kommen aus dem Mondenland*, Freiburg i.Br.: Novalis Verlag 1957
Michael Ende, *Das Schnurpsenbuch*, Stuttgart: Thienemann Verlag 1979
Dagmar Fink, *Contes Merveilleux des Pays de France*, tome I, Éditions Iona, 1. Aufl. 1991
Marianne Garff, *Es plaudert der Bach*, Dornach: Verlag Die Pforte, 10. Aufl. 1996
H.-J. Gelberg (Hrsg.), *Überall und neben dir*, Weinheim/Basel: Beltz & Gelberg 1986
Josef Guggenmos, *Oh, Verzeihung sagte die Ameise*, Weinheim: Beltz & Gelberg 1990
  Ich will dir was verraten, Weinheim: Beltz & Gelberg 1992
  Was denkt die Maus am Donnerstag? Weinheim: Beltz & Gelberg 1998
J. Haltrich, *Deutsche Volksmärchen aus dem Sachsenlande in Siebenbürgen*, Wien 1882
Joseph Jacobs, *More English fairy tales*, London 1894
Die Kranichfeder, Berlin: Der Kinderbuchverlag 1975
James Krüss, *Der wohltemperierte Leierkasten*, München: C. Bertelsmann Jugendbuchverlag 1989
Elisabeth Lemke, *Volkstümliches in Ostpreußen*, Mohrungen 1884-1899
Märchen aus Mallorca. Ges. v. Erzherzog Ludwig Salvator, Würzburg / Leipzig 1896
Mazedonische Volksmärchen, Düsseldorf / Köln: Verlag Eugen Diederichs 1972
Christian Morgenstern, *Liebe Sonne, liebe Erde*, Oldenburg: Verlag Gerhard Stalling o.J.
  Alle Galgenlieder (verschiedene Ausgaben)
Siegfried Neumann, *Mecklenburgische Volksmärchen*, Berlin 1973
I.and P. Opie, *The Oxford Nursery Rhyme Book*, Oxford University Press, London 1955
Osanyin überlistet die Schildkröte, Märchen aus Nigeria, Leipzig u. Weimar: Müller & Kiepenheuer 1984.
Heinz Ritter, *Eins und Alles*, Stuttgart: Verlag Freies Geistesleben, 11. Aufl. 2003
Johanna Ruß, *Rhythmische Verse für Kinder- Eurythmie*, Arlesheim: Natura Verlag 1984
Russkiie narodnie skazki, Archangelsk 1987
Paul Zaunert, *Deutsche Märchen seit Grimm*, Jena: Verlag Eugen Diederichs 1912